PAULO VIEIRA, PhD
AUTOR DO BEST-SELLER *O PODER DA AÇÃO*

FATOR DE ENRIQUECIMENTO

UMA FÓRMULA SIMPLES E PODEROSA QUE VAI ENRIQUECÊ-LO E FAZER VOCÊ ATINGIR SEUS OBJETIVOS

CONQUISTE SEUS OBJETIVOS FINANCEIROS EM 6 MESES

Gente
editora

Diretoria
Rosely Boschini

Gerente Editorial
Marília Chaves

Editora e Supervisora de Produção Editorial
Rosângela de Araújo Pinheiro Barbosa

Assistentes Editoriais
César Carvalho e Natália Mori Marques

Controle de Produção
Karina Groschitz

Preparação
Entrelinhas Editorial

Projeto Gráfico e Diagramação
Desenho Editorial

Revisão
Alícia Toffani

Ilustrações de Miolo
Ismaias Oliveira, Jean Livino Holanda,
Fábio Albuquerque de Menezes

Jornalistas Equipe Febracis
Gabriela Alencar e Iane Parente

Imagem de Capa
Shutterstock

Capa
Desenho Editorial

Impressão
Gráfica Assahi

Copyright © 2016 by Paulo Vieira

Todos os direitos desta edição são reservados à Editora Gente.

Rua Original, 141/143

São Paulo, SP – CEP 05435-050

Telefone: (11) 3670-2500

Site: http://www.editoragente.com.br

E-mail: gente@editoragente.com.br

Dados Internacionais de Catálogo na Publicação (CIP)
Angélica Ilacqua CRB-8/7057

Vieira, Paulo
 Fator de enriquecimento : uma fórmula simples e poderosa que vai te enriquecer e fazer você atingir seus objetivos / Paulo Vieira. - São Paulo : Editora Gente, 2016.
 264 p.

Bibliografia
ISBN 978-85-452-0127-4

1. Moedas - Aspectos psicológicos 2. Riqueza - Aspectos psicológicos
3. Ricos – Psicologia 4. Sucesso nos negócios - Aspectos psicológicos I. Título

16-0896   CDD 158.1

Índices para catálogo sistemático:

1. Sucesso – Riqueza : Aspectos psicológicos 158.1

Dedico este livro a todos os meus clientes de coaching, que tanto me ensinaram em mais de 10.500 horas de sessões individuais.

A todos os meus alunos do Método CIS® e do Treinamento Fator de Enriquecimento®, que fizeram a base de minhas pesquisas e aprendizado e que me deram subsídio para pôr em prática conceitos, métodos, estratégias e ferramentas de impacto e mudança na vida financeira.

Dedico este livro também a todos os autores, pesquisadores, cientistas e pessoas que chegaram lá, verdadeiros gigantes do conhecimento e saber, que me elevaram por cima de seus ombros e tornaram possível que este livro fosse escrito.

Dedico este livro aos meus filhos Júlia, Mateus e Daniel, que me ensinaram a verdadeira essência da palavra amor. E à minha esposa amada, que me complementa tanto em casa, como esposa leal e dedicada, quanto como sócia e executiva de altíssima performance de nossa empresa.

E, sobretudo, dedico este livro a Deus, Senhor dos senhores, Rei dos reis e dono do ouro e da prata, que, com seu amor e graça, tem me feito prosperar financeiramente como nunca imaginei.

SUMÁRIO

PREFÁCIO 7
INTRODUÇÃO 9
CAPÍTULO 1 — **Fator de Enriquecimento®** 15
    Definição de milionário 17
    Quanto tempo para me tornar um milionário ou mais 18
    Fator de Enriquecimento® (FE) 19
    Definição das posições financeiras 28
    O falso rico 33
    Exercício 39
    Definições de riqueza 42
CAPÍTULO 2 — **Estado atual financeiro** 47
    O que sua carteira fala de sua relação com o dinheiro 48
    Exercício 58
    Como sair das dívidas 60
CAPÍTULO 3 — **Perícia** 69
    Os níveis de perícia 72
    Como se tornar um perito 74
    As perícias de que você precisa para ser rico
    (turbinador de perícia) 77
    Exercício 81
CAPÍTULO 4 — **As 5 condutas da riqueza** 83
    Conduta # 1 – Querer ser rico 83
    Conduta # 2 – Sentir-se rico 91
    Conduta # 3 – Ser grato 94
    Conduta # 4 – Autorresponsabilidade 113
    Conduta # 5 – Contágio Social 115
    Somos mais que sucessos financeiros 121
CAPÍTULO 5 — **O exercício do enriquecimento** 123
    Primeiro passo: pagar-se primeiro 125
    Segundo passo: doar 127

	Terceiro passo: pagar as contas 132
	Quarto passo: investir para ficar rico 134
	Quinto passo: poupar para os sonhos................138
	Sexto passo: abundar 141
CAPÍTULO 6 —	**Crenças e sistemas de crenças**........................**149**
	Programação mental financeira autorrealizável ...150
	Sistema de crenças 156
	Crenças financeiras simples................................158
	Crenças compostas..171
	Crenças formadoras do indivíduo 180
CAPÍTULO 7 —	**As 6 armadilhas da riqueza**..............................**193**
	#1 Guardar dinheiro para os dias difíceis 193
	#2 Ficar rico pelo sentimento errado 195
	#3 Confundir pessoa física com pessoa jurídica (para empreendedores) 197
	#4 Achar que não tem muito a aprender 198
	#5 Parar no meio da jornada do enriquecimento ...199
	#6 Correr atrás do próprio rabo 202
CAPÍTULO 8 —	**Modelo mental**..**207**
CAPÍTULO 9 —	**Eliminação de padrões familiares limitantes** **223**
CAPÍTULO 10 —	**Construindo metas e objetivos financeiros** **245**
	O tamanho da sua meta financeira importa 246
	Querer não é poder..249
	Metas neurologicamente corretas 250

RELAÇÃO GERAL DE DECISÕES **259**
MENSAGEM FINAL **261**
REFERÊNCIAS **262**

PREFÁCIO

Tenho grande admiração pela trajetória de superação e sucesso de meu amigo Paulo Vieira. Ele possui o título de PhD pela Florida Christian University, com especialização em coaching. Depois de perder tudo que tinha e passar por anos de dificuldades financeiras, ele foi capaz de se reerguer e reescrever uma história brilhante de sucesso em todos os aspectos.

A rica experiência profissional do autor faz de Paulo Vieira uma referência quando o tema é aperfeiçoamento pessoal, com dicas de como procurar as motivações certas. Neste livro *Fator de enriquecimento*, o autor trata de temas pertinentes para quem deseja alcançar o sucesso financeiro, mostrando que é necessário ir além do querer – é preciso primeiro reinventar, reaprender e reorganizar a própria mente para depois vencer no mundo dos negócios.

Fator de enriquecimento é um guia para quem quer mudar, definitivamente, sua condição financeira, saindo da posição de "perdido" até alcançar patamares mais elevados. O livro reúne ainda dicas para reforçar o aprendizado, que levam o leitor a refletir sobre o próprio potencial de realização de cada indivíduo.

Reconheço na obra de Paulo Vieira princípios que nortearam a minha vida, logo no início de meus projetos no setor de educação e que me auxiliariam no caminho da prosperidade. Uma das lições apresentadas pelo autor é que quem deseja enriquecer precisa saber poupar. É um pensamento que também compartilho. Afinal, acredito que a pessoa que ainda não aprendeu esse conceito jamais vai prosperar. Para multiplicar o que tem é preciso saber que parte do dinheiro que você recebe não lhe pertence, mas pertence à formação de seu patrimônio futuro. Mas se o indivíduo nunca buscar atingir este objetivo, ele nunca terá seu patrimônio futuro.

Ao ler esta obra inspiradora, lembre-se de que o sucesso acontece quando a preparação encontra a oportunidade. Prepare-se para uma transformação de paradigma mental que vai mudar completamente o curso de sua vida financeira. Boa leitura.

Carlos Wizard Martins
Autor do best-seller Desperte o Milionário que Há em Você

INTRODUÇÃO

Eu, sinceramente, acredito que este será o livro mais impactante, profundo e transformador que você terá lido sobre dinheiro e finanças pessoais. Sei que estou sendo otimista e ousado ao dizer isso, mas sei também por que o digo. Tive uma infância e adolescência bastante prósperas no Rio de Janeiro. Meu pai tinha iate, fui campeão de vela, tínhamos casa de praia, ótimos carros, motoristas e vivíamos na zona sul do Rio. Também frequentei ótimos colégios e clubes. No entanto, tudo isso acabou por volta dos meus 17 anos, quando meu pai perdeu suas empresas e a dificuldade financeira se instalou em minha família e, com ela, incontáveis problemas e obstáculos.

Nessa idade, vim para o Nordeste, onde vivi todo tipo de adversidade por 13 anos. Porém, a dificuldade financeira era sempre a mais vistosa, a que mais machucava, a que causava os maiores e mais dolorosos estragos. Eram justamente os problemas financeiros que mais me humilhavam e me limitavam em todas as outras áreas de minha vida. Esse deserto árido, quente e sufocante durou 13 anos, perdurou de meus 17 aos 30 anos.

Aos 30 anos e 3 meses, vi meu negócio definitivamente quebrado, mesmo trabalhando 12 horas por dia e 7 dias por semana. Tive de reconhecer que o meu melhor desempenho financeiro, durante todo esse tempo, foi ter o suficiente para sobreviver precariamente e sempre deixando uma longa cauda de dívidas financeiras, seja com parentes, bancos, fornecedores, seja com o fisco. Dívidas essas que, quando somadas, eram impagáveis.

E não era só isso, meu primeiro casamento também ruiu com tantas dificuldades financeiras e expectativas frustradas.

Naquele momento, deparei comigo mesmo na dependência de outras pessoas e obrigado a morar e viver de favor na casa de parentes. Minha situação financeira nessa época era tão precária, que eu não tinha dinheiro sequer para comprar ração para o meu cachorro, um pastor-alemão. O meu carro — se é que podemos dizer que aquilo era um carro — era todo amassado e não tinha documentos. E não consigo contar todas as vezes que, sem dinheiro para abastecê-lo, entreguei ao frentista minha identidade, meu relógio e até mesmo meus sapatos como garantia.

Eu poderia relatar mais episódios da minha história de humilhação, injustiça, desespero e total impotência que vivi durante os 13 anos de dificuldades financeiras, porém este livro seria sobre sofrência[1] e não sobre finanças pessoais. O que aprendi a duras penas é que a falta de dinheiro interfere diretamente em todas as áreas da vida. E se dinheiro não faz ninguém feliz, a falta dele leva o indivíduo ao caos e ao desespero.

A virada total começou quando aprendi que eu era o único responsável por toda aquela vida de miséria e que nada mudaria se eu não mudasse primeiro. A segunda fase de mudanças ocorreu quando iniciei no mundo do coach. Nele aprendi a estabelecer metas neurologicamente corretas, ousadas e que mobilizavam os dois hemisférios cerebrais, racional e emocional, o que transformaria a minha situação. Por fim, as mudanças financeiras se avolumaram e aceleraram quando aprendi a concentrar minha atenção nas coisas certas e da maneira certa, controlando minha mente e, finalmente, aprendendo sobre o poder do foco. Tudo isso eu aprendi e aprofundei quando mergulhei no mundo do Coaching Integral Sistêmico®.[2]

---

[1] Expressão formada a partir das palavras sofrimento e carência. Refere-se a músicas cujas letras remetem a "dor de cotovelo", a um estado de espírito de dor e sofrimento.

[2] O Coaching Integral Sistêmico® é um método criado e desenvolvido por mim, Paulo Vieira, autor deste livro. Nela, o coaching tradicional é expandido e trabalha os lados racional e emocional do ser humano. Além disso, considera que o ser humano é sistêmico, de maneira que, se uma área da vida está ruim, todas as outras serão afetadas. O método busca produzir sucesso em todas as áreas da vida da pessoa.

O fato é que aquele sujeito, com uma história de 13 anos de incontáveis fracassos, depois de todas essas mudanças internas, no período de um ano já tinha apartamento quitado, carros importados, saúde, negócio próspero, imóveis e aplicações financeiras — além de amigos e uma linda namorada, que hoje é minha sócia e esposa e com a qual tenho três filhos maravilhosos e uma vida muito feliz.

Foi essa mesma tecnologia, porém ampliada, aprofundada, aprimorada, testada à exaustão e comprovada cientificamente, que usei e ainda uso comigo mesmo, e que também aplico em meus clientes de coaching individual e em meus alunos com extremo sucesso e resultados surpreendentes. São essas ferramentas, conceitos e métodos que trago para você neste livro.

De fato, minha vida financeira mudou drasticamente. Hoje tenho a liberdade de escolher o país onde vou passar férias com minha família e se ficarei por lá 15 dias ou 2 meses. Posso escolher também os carros que queremos ter, a casa de praia, o relógio... e essas escolhas não são feitas pelo preço, e sim pela nossa conveniência e vontade. Como também escolhemos as instituições e pessoas que vamos ajudar financeiramente e com quanto vamos ajudar. Hoje, também tenho a liberdade de escolher parar de trabalhar e viver de rendimentos e aplicações, algo que não faz parte de meus planos.

É isso que as pessoas podem fazer com o dinheiro: conquistar liberdade e fazer boas escolhas ou se tornarem escravas e prisioneiras pela falta ou pelo excesso de dinheiro. Eu já experimentei os dois lados, a escassez total e a abundância. Conheci a fundo os dois lados e hoje vivo uma vida realmente abundante e plena. E este é o meu objetivo, fazer com você o que tenho feito com meus alunos de finanças e clientes de coaching, conduzi-lo a uma vida superabundante em todas as áreas, usando o dinheiro como um meio e não um fim, e ainda fazer do mundo um lugar muito melhor onde viver.

Você deve estar se perguntando: Paulo Vieira, o que lhe dá tanta certeza de que esse método funcionará comigo? Em primeiro lugar, pelas mudanças que ocorreram e ainda ocorrem comigo. Em segundo lugar, pelos resultados que meus alunos dos treinamentos Coaching for Money® e Fator de Enriquecimento® vêm experimentando e compartilhando com tanta gratidão. Tenho ainda como certeza da eficácia do método que descrevo os resultados obtidos pelos meus clientes de coaching individual ao longo dos últimos 18 anos. E, por fim, o Coaching Integral Sistêmico®, método criado por mim, tem se mostrado extremamente eficaz no contexto de mudança de crenças e programações mentais. Vou repetir: REPROGRAMAÇÃO DE CRENÇAS E PROGRAMAÇÕES MENTAIS.

A Febracis, instituição por mim fundada, possui uma tecnologia conceitual e prática com subsídio científico capaz de eliminar crenças limitantes e introduzir crenças fortalecedoras. Uma tecnologia capaz de mudar padrões mentais de pobreza e criar mentalidade de riqueza. Ou seja, eliminar crenças de limitação e escassez financeira e substituí-las por crenças de abundância e prosperidade. Foi justamente essa metodologia que me tornou professor da Florida Christian University, em Orlando, nos Estados Unidos, e conferencista ao redor do mundo. Saliento que a internacionalização de minha carreira aconteceu não apenas pelo arcabouço científico da metodologia, mas sobretudo pelos resultados comprovados que essa tecnologia vem apresentando de forma tão consistente em quem a aplica diligentemente.

Você está prestes a ser realmente rico! E isso ocorrerá por dois bons motivos expressos em duas máximas. A primeira: "O que eu ainda não tenho é pelo que eu não sei, porque se soubesse eu já teria". E quando eu falo saber, não me refiro a conhecimento, e sim à capacidade de saber fazer, ou seja, **sabedoria**. Aqui você vai efetivamente aprender e saber fazer, algo que vai muito além de simplesmente conhecer e entender um conceito ou ferramenta. Sempre repito em meus seminários: aprender é sinônimo de mudança. Quando alguém aprende algo é porque mudou algo em si. Se não houve mudança prática e perceptível no comportamento e nos resultados é porque não houve aprendizado; o melhor que pode ter acontecido é apenas obter conhecimento. Nada mais que conhecimento.

A segunda máxima é de Josh Billings: "Não é apenas o que não sabemos que nos impede de vencer, o nosso maior obstáculo é justamente o que já sabemos". Por isso, eu estarei focado sempre nestas duas facetas do saber: introduzir conhecimentos, saberes e crenças novas e potencializadoras e, ao mesmo tempo, ajudá-lo a desaprender conceitos, saberes e crenças que o aprisionam em uma vida limitada, mediana, pobre financeiramente ou, pelo menos, em uma vida aquém do seu potencial de realização.

Está pronto para se tornar realmente rico? Antes, preciso alertá-lo sobre mais um ponto. Este livro, mais que conceitual, é prático, voltado para a reprogramação de crenças e aplicação de métodos, conceitos e ferramentas de enriquecimento. Então, peço que leia e sublinhe tudo o que for relevante. Faça anotações nas áreas propostas e onde achar necessário. Porém, mais importante ainda, peço que faça todos os exercícios propostos neste livro na sequência em que eles aparecem. Responda a todas as perguntas e preencha todas as lacunas. Serão esses exercícios que produzirão uma nova maneira de comunicar, pensar e sentir e, sobretudo, novas crenças financeiras. E como você aprenderá: "Toda crença é autorrealizável".

Seja bem-vindo a esse mundo de abundância, prosperidade e riqueza. Essa vida é real, benéfica e acessível a qualquer um que se disponha a trilhar a jornada do sábio aprendiz.

CAPÍTULO 1

FATOR DE ENRIQUECIMENTO®

"Para que as coisas mudem, você tem que mudar. Para que as coisas melhorem, você tem que melhorar. Podemos ter mais do que já temos, porque podemos nos tornar melhores do que somos."

Jim Rohn

Ser rico não é uma condição monetária, e sim um estado de espírito e estilo de vida de abundância dentro de nossos próprios termos e contexto. Ser rico é um estado de espírito, um estilo emocional, uma maneira diferente de se comunicar, pensar e sentir. E é justamente esse estilo emocional que vai produzir os comportamentos financeiros, sejam eles positivos, sejam negativos. Quando me refiro a ser próspero em sua realidade e contexto, percebemos que em todos os níveis sociais e financeiros sempre existem o rico e o pobre. Em uma comunidade carente, por exemplo, sempre existe o vizinho rico e o vizinho pobre. A mesma coisa acontece em bairros de classe média, como também na classe alta. Tive um conhecido que, ao comprar um apartamento de mil metros quadrados, sofreu preconceito dos novos vizinhos pois era visto como um novo-rico e supostamente não tinha "cacife" suficiente para estar ali. Ele era o vizinho pobre no apartamento de mil metros quadrados e 12 vagas de estacionamento.

Assista ao vídeo sobre Fator de Enriquecimento® em www.febra.me/fe-fator.

Se você é um candidato a uma vida rica e abundante, lembre-se de que riqueza e prosperidade financeira não têm nada ou quase nada a ver com dinheiro. Dinheiro é uma energia emocional, é a manifestação das emoções que você traz em seu peito, é apenas a concretização de suas crenças sobre você e o mundo ao seu redor. Dinheiro é a pura e simples manifestação de quem você acredita ser, do que acredita ser capaz de fazer e, por fim, a manifestação de seu nível de merecimento.

Como toda energia emocional, dinheiro pode ser bom ou ruim. Da mesma maneira que suas crenças podem ser boas ou ruins, limitantes ou fortalecedoras. Você já deve ter visto pessoas muito ricas, porém tristes, doentes e com famílias despedaçadas. Como também deve ter presenciado pessoas financeiramente ricas e ainda com famílias felizes, saudáveis e equilibradas.

Neste livro e na minha vida, a verdadeira definição de riqueza passa primeiramente por ter um patrimônio considerável e que lhe dê liberdade e tranquilidade no presente e também em relação ao futuro. No entanto, também passa pelo estilo de vida abundante em todas as áreas e que, na prática, o dinheiro não compra. Trago um bordão comigo que diz: **certa vez conheci uma pessoa tão pobre, tão pobre, que a única coisa que ela tinha era dinheiro**. Acredite, isso não é a verdadeira riqueza.

Riqueza verdadeira é aquela que combina as três dimensões humanas: o **ser** (a identidade), o **fazer** (a capacidade) e o **ter** (o merecimento), representados pelo quadro a seguir, a pirâmide do indivíduo.

CRENÇA DE	COMPETÊNCIA EMOCIONAL	COMPORTAMENTO/ATITUDE
MERECIMENTO	TENHO	TER
CAPACIDADE	FAÇO	FAZER
IDENTIDADE	SOU	SER

Observe que a base do indivíduo está na crença de identidade. É ela que define quem você é, como você se vê e quais são os seus resultados. Já a crença de capacidade é determinada pelo que você acredita ser capaz de fazer ou de aprender a fazer. Essa crença dita o seu potencial de realização. No topo da pirâmide está a crença de ter (quanto você acha que merece ter de boas experiências e bens materiais).

Quem é verdadeiramente próspero precisa primeiro ser rico. Nesse sentido, a primeira dimensão significa ter uma identidade interna ou autoimagem de uma pessoa abundante financeiramente. A segunda dimensão é viver de forma abundante, ou seja, dentro de sua realidade e contexto, porém sempre com sobra e nunca com falta. A terceira dimensão é o ter. Essa dimensão refere-se a possuir bens materiais em seu contexto e realidade.

DEFINIÇÃO DE MILIONÁRIO

Muitas pessoas me perguntam qual a definição de milionário. Nos Estados Unidos, é aceito que um milionário ou uma milionária é quem possui mais de 1 milhão de dólares em bens e patrimônio, sem contar a casa em que mora e os carros de uso pessoal. No Brasil, a mesma definição é aceita com base em nossa moeda, o real.

Quando olho para essa definição, acredito que todas as pessoas são capazes de realizar essa quantia financeira. Uns em um tempo muito curto, outros ao longo da vida. Porém, com um olhar mais detalhado e crítico, percebemos que a palavra *milionário* não é tão válida para definir pessoas realmente bem-sucedidas financeiramente.

Minha primeira observação é sobre a independência financeira. Caso você possua 1 milhão de reais aplicados no sistema financeiro, terá um retorno bruto médio de 1%, que significa um rendimento de 10 mil reais por mês. De forma geral, esse rendimento não mantém o padrão de vida de quem conseguiu juntar 1 milhão de reais. A segunda observação é o baixo rendimento de aluguéis no Brasil. Atualmente, no mercado brasileiro o rendimento de aluguel de um imóvel está em torno de 0,4% a 0,7%

do valor do imóvel. Então, se você possui um imóvel no valor de 1 milhão de reais, existe a possibilidade de ter um rendimento abaixo da inflação, sem contar a taxa de 12% da imobiliária. Nos dois casos o rendimento do patrimônio de 1 milhão de reais não se mostrou grande coisa em termos de independência financeira, muito menos como um patamar de liberdade financeira. Então, o meu convite é para que você não seja um milionário, e sim um multimilionário, e, quem sabe, um megamilionário.

Independentemente de se você será milionário, multimilionário ou megamilionário, tenho a mais profunda convicção de que, com as crenças certas e o conhecimento adequado, todo ser humano é capaz de ser muito próspero e abundante. E é essa a minha missão neste livro e no meu curso Fator de Enriquecimento®, ou seja, levá-lo a patamares muito mais elevados no contexto financeiro e de qualidade de vida. Torná-lo uma pessoa milionária financeiramente, mas também abundante em todas as áreas.

QUANTO TEMPO PARA ME TORNAR UM MILIONÁRIO OU MAIS

Se você ler em algum livro ou vir em algum curso que com muita economia e disciplina poderá aproveitar a "mágica dos juros compostos" e que eles o farão rico em 20 ou 30 anos, escute meu conselho: saia agora desse curso ou pare de ler esse livro imediatamente. Primeiro, é muito frustrante poupar disciplinadamente por 20 ou 30 anos para ser milionário e, quando chegar lá, descobrir que esse milhão não o deixou verdadeiramente rico. O segundo erro é que a tão famosa e alardeada "mágica dos juros compostos" só funciona quando você já é mais que milionário, como vou mostrar nas tabelas a seguir.

Colocando em prática as técnicas, os conceitos e as estratégias que apresentarei neste livro, você se tornará imediatamente abundante (independentemente do seu rendimento) e desenvolverá uma mente próspera. Ao longo dos dias e meses, seus músculos financeiros[3] serão

---

[3] No Capítulo 5 você compreenderá por que usamos o termo músculos financeiros e como exercitar tais músculos.

fortalecidos, gerando novos hábitos e novas crenças que, de forma extraordinária, produzirão resultados óbvios e previsíveis, e também resultados quânticos inimagináveis.

Observe na tabela a seguir como a "mágica dos juros compostos" — ou seja, juros do mês anterior incidindo positivamente no rendimento do mês seguinte e assim por diante ao longo dos anos — não transformará um pequeno investidor em uma pessoa rica, e ainda que não é justo esperar mais de 30 anos para descobrir que o seu primeiro milhão não o deixou verdadeiramente rico e, provavelmente, você já terá idade avançada demais para tentar ser, de fato, rico e livre financeiramente. Vamos à tabela.

TAXA DE JUROS	FINAL DO ANO	VALOR DO INVESTIMENTO MENSAL EM R$	VALOR ACUMULADO EM R$
4% AO ANO	1º ANO	1.000,00	12.258,00
	5º ANO	1.000,00	66.396,00
	10º ANO	1.000,00	147.176,00
	20º ANO	1.000,00	365.033,00
	25º ANO	1.000,00	510.514,00
	30º ANO	1.000,00	687.513,00
	37º ANO	1.000,00	1.001.542,00

Fonte: CIRELLO JUNIOR, 2016, p. 28.

Se você não está disposto a esperar 37 anos para ser milionário, a verdadeira solução é aprender o **Fator de Enriquecimento**® e entender as variáveis que de fato o farão rico em um tempo que pode ser previsto, como também determinado matematicamente por você.

FATOR DE ENRIQUECIMENTO® (FE)

Não vamos nos enganar. Enriquecimento financeiro é uma equação matemática, e, como Wallace D. Wattles já dizia há muitos anos, enriquecimento é uma ciência exata. Muitos livros que abordam estratégias e conceitos de enriquecimento falham terrivelmente quando não expõem nem explicam as únicas quatro variáveis que determinam se alguém vai ou não ser rico. As quatro variáveis são: a **receita total mensal**, o percentual **poupado para investir**, a rentabilidade dos **investimentos** efetuados a partir da poupança e, finalmente, o período de **tempo de investimento** da receita que foi poupada mês a mês.

Entendendo que, de fato, existem apenas essas quatro variáveis que influenciam e determinam a capacidade de enriquecimento do indivíduo, fui ao longo do tempo testando equações matemáticas que pudessem revelar o status financeiro atual de meus clientes, e que também servissem como uma projeção futura, caso a atitude e o comportamento financeiro deles não mudassem. Assim, surgiu a equação que chamo de Fator de Enriquecimento®:

$$FE = R \times P \times I$$

A primeira variável é o seu rendimento mensal (**R**), que se refere à soma de todas as entradas financeiras que você tem. Quanto mais você ganha, maior será a chance de você se tornar um milionário. Imagine uma pessoa ganhando um salário de mil reais por mês. Desse pequeno rendimento mensal ela precisa comer, morar, se vestir, se locomover etc. Quanto sobrará para se tornar rica? Quanto ela conseguirá poupar para investir todos os meses? Agora imaginemos uma pessoa com rendimentos mensais de 100 mil reais. Certamente as chances de acumular mais dinheiro são infinitamente maiores.

Mesmo que seu rendimento mensal seja ínfimo, não deixe a ansiedade o atrapalhar nesse momento. É importante que você monte seu Fator de Enriquecimento® e entenda quais comportamentos precisam ser mudados, quais crenças precisam ser reprogramadas e, ainda, quais técnicas e conceitos financeiros você precisa pôr em prática.

Assim, a equação de enriquecimento começa a ser montada, com a letra **R** correspondendo ao rendimento total mensal do indivíduo.

$$FE = R \times \_\_\_\_ \times \_\_\_\_$$

A segunda variável é a capacidade de **poupar**. No entanto, poupar com apenas uma única finalidade: investir para ser rico. Aqui não será considerada a quantia que você poupa para uma viagem, um curso ou um carro novo. Apenas o que você poupa com o intuito de multiplicar sua riqueza. Pegando o caso da pessoa com o rendimento de mil reais ao mês, você pode imaginar a dificuldade que ela terá para poupar uma quantia suficiente para investir com o objetivo de ser rica. Já no caso de quem tem rendimento de 100 mil reais por mês será completamente diferente. Se ela tiver sabedoria financeira, poderá facilmente poupar 50% de todo o seu rendimento para se tornar rica num futuro próximo. Porém, como você vai ver adiante, muitas pessoas, mesmo ganhando quantias enormes, não são capazes de poupar. Dessa forma, mesmo mantendo um ótimo padrão financeiro, nunca se tornarão ricas e independentes financeiramente. Na maioria dos casos, quando tais pessoas conseguem poupar, logo gastam sua poupança com diversão, viagens ou bens de consumo e, na prática, continuam pobres financeiramente, vivendo em um alto padrão financeiro, porém com um futuro incerto.

Então, a segunda variável de enriquecimento é o percentual do rendimento que é poupado com uma única e exclusiva finalidade: investir para se tornar rico. Se P corresponde ao percentual poupado sobre o rendimento total, a equação evolui e fica assim:

$$FE = R \times P \times \underline{}$$

A terceira variável definidora do sucesso financeiro é a combinação de dois comportamentos financeiros fundamentais. O primeiro é o de investir em algo que traga retorno financeiro acima da inflação (por exemplo, se a projeção da inflação for de 5% ao ano, o retorno do investimento deve ser pelo menos acima de 5%, jamais abaixo dessa porcentagem). O segundo é conseguir o maior retorno possível sobre esse investimento.

Para explicar a influência dessa terceira variável, vou relatar o caso de dois clientes de coaching. Vamos chamá-los de Tiago e Bruno. Como eram sócios, eles tinham a mesma retirada financeira da empresa, que girava em torno de 500 mil reais por mês. Tiago vivia um padrão de vida simples e espartano. Já Bruno vivia espalhafatosamente, gastando muito dinheiro de todas as formas: refazendo seu guarda-roupa a cada quatro meses; trocando seus carrões duas vezes por ano; colecionando relógios Rolex e até acompanhando, de avião fretado, turnês de bandas musicais. A pergunta que não quer calar: qual dos dois tinha o maior patrimônio financeiro? Ou seja, qual dos dois era o mais rico?

A lógica nos leva a imaginar que Tiago, que tinha gastos moderados, poupava bem mais e teria um patrimônio maior. De fato, mês a mês, Tiago poupava mais que seu sócio. No entanto, mesmo poupando menos, Bruno sabia fazer investimentos tremendamente mais rentáveis que seu par. O resultado disso é que, apesar de gastador, ele construiu um patrimônio de 45 milhões de reais, composto na sua maior parte de terrenos encravados em áreas de grande valorização. Já Tiago, na época, tinha apenas 23 milhões de reais de patrimônio. Ele praticamente não investia em nada, deixando quase todo o seu dinheiro no banco, em aplicações financeiras de baixíssimos rendimentos. Com essa história não estou fazendo apologia nem estimulando ninguém a ser perdulário e gastador. Estou estimulando você a investir desde cedo e da maneira certa.

Então, agora temos a terceira variável do enriquecimento que é a rentabilidade sobre o investimento, que chamaremos de **I**. Acompanhe, na tabela a seguir, no período de dez anos, três investimentos. Um com baixa rentabilidade, outro com média e outro com alta rentabilidade. Assim, você pode entender que, além de aplicar e investir seu dinheiro, você precisa trazer rentabilidade sobre ele.

	2% AO ANO	5% AO ANO	10% AO ANO
INVESTIMENTO INICIAL	R$ 100.000,00	R$ 100.000,00	R$ 100.000,00
1º ANO	R$ 102.000,00	R$ 105.000,00	R$ 110.000,00
2º ANO	R$ 104.040,00	R$ 110.250,00	R$ 121.000,00
3º ANO	R$ 106.120,80	R$ 115.762,50	R$ 133.100,00
4º ANO	R$ 108.243,21	R$ 121.550,63	R$ 146.410,00
5º ANO	R$ 110.408,08	R$ 127.628,16	R$ 161.051,00
6º ANO	R$ 112.616,24	R$ 134.009,56	R$ 177.156,10
7º ANO	R$ 114.868,56	R$ 140.710,04	R$ 194.871,71
8º ANO	R$ 117.165,93	R$ 147.745,54	R$ 214.358,88
9º ANO	R$ 119.509,25	R$ 155.132,82	R$ 235.794,77
10º ANO	R$ 121.899,44	R$ 162.889,46	R$ 259.374,25

Olhando para a tabela fica muito claro que a rentabilidade sobre seu investimento determinará se você vai ser rico ou não. Agora, imagine se você não conseguisse nenhum rendimento sobre seu patrimônio. No final de dez anos a inflação teria corroído quase tudo.

Agora que você entendeu as três variáveis, temos a equação do Fator de Enriquecimento® completa:

$$FE = R \times P \times I$$

Você deve estar se perguntando onde está a quarta variável, que é a repetição dos investimentos ao longo do tempo. Certamente, será necessário para qualquer pessoa manter os comportamentos que garantam a repetição dos investimentos. Porém, o que busco com essa equação é uma foto instantânea de seu comportamento financeiro atual. Outra comparação que podemos fazer ao fator de enriquecimento é tê-lo como uma radiografia de sua saúde financeira. O passo seguinte é restaurar o que a radiografia apontou como um problema.

O desafio de quem quer ficar realmente rico financeiramente é dominar e gerenciar as três variáveis potencializando cada uma delas sem se esquecer de repeti-las ao longo do tempo.

Chega de histórias de Hollywood em que mendigos ficam ricos em um passe de mágica. Para esse mendigo se tornar uma pessoa rica ele terá de cumprir e compor as mesmas três variáveis do Fator de Enriquecimento®. Primeiro ele terá de aumentar seu rendimento, pois pouco valeria poupar 50% de todo o seu rendimento e investir com uma rentabilidade extraordinária, se o valor total do rendimento fossem poucos míseros reais.

Assim, o primeiro passo é ganhar mais, bem mais, muitíssimo mais dinheiro. No Capítulo 3, vou ensinar como se tornar um perito no que você faz e assim multiplicar mais de dez vezes seu **rendimento mensal (R)**. O segundo passo é **poupar (P)** o máximo possível para investir. Para isso é fundamental ser organizado com suas finanças. O caminho mais seguro é ter um orçamento familiar com metas e um acompanhamento preciso para rendimentos, gastos e investimentos. No Capítulo 5, em que abordarei sua organização e planejamento financeiro, há um link disponível para você baixar uma ótima planilha para organizar seus gastos e contas. E o terceiro e último passo é **investir (I)** o valor poupado com a maior rentabilidade possível repetidamente ao longo do tempo e sempre acima da inflação.

Aí está o Fator de Enriquecimento®, o resultado dessa equação mostrará em que estágio da jornada do enriquecimento você está e em qual ou quais fundamentos do enriquecimento você tem acertado e errado. Você terá o mapa real da mina.

A partir da tabela de conversão apresentada a seguir, você poderá montar a equação do seu Fator de Enriquecimento®. Para não errar no cálculo, é importante que você atente para os parâmetros e observe os exemplos.

FÓRMULA DO FATOR DE ENRIQUECIMENTO®

FE	=	RENDA × POUPANÇA × INVESTIIMENTO
FE	=	R × P × I
R	=	RENDA MENSAL
P	=	POUPANÇA PARA INVESTIR MENSALMENTE
I	=	RENTABILIDADE DO INVESTIMENTO AO ANO

PARÂMETROS

GANHAR		POUPAR		RENTABILIDADE DO INVESTIMENTO AO ANO	
VALOR (R$)	FATOR	%	FATOR	%	FATOR
2.000,00	0,2	0%	0	0%	0
5.000,00	0,5	5%	0,5	0,5%	0,5
10.000,00	1	10%	1	1%	1
20.000,00	2	20%	2	2%	2
30.000,00	3	30%	3	3%	3
40.000,00	4	40%	4	4%	4
50.000,00	5	50%	5	5%	5
60.000,00	6	60%	6	6%	6
70.000,00	7	70%	7	7%	7
80.000,00	8	80%	8	8%	8
90.000,00	9	90%	9	9%	9
100.000,00	10	100%	10	10%	10

EXEMPLO 1	EXEMPLO 2	EXEMPLO 3
RENDA R$ 5.000,00 (R = 0,5)	RENDA R$ 100.000,00 (R = 10)	RENDA R$ 50.000,00 (R = 5)
POUPANÇA 30% (P = 3)	POUPANÇA 0% (P = 0)	POUPANÇA 50% (P = 5)
RENTABILIDADE 3% (I = 3)	RENTABILIDADE 0% (I = 0)	RENTABILIDADE 3% (I = 3)
EQUAÇÃO FE = 0,5 × 3 × 3 = 4,5	EQUAÇÃO FE = 10 × 0 × 0 = 0	EQUAÇÃO FE = 5 × 5 × 3 = 75
CLASSIFICAÇÃO: 4,5	CLASSIFICAÇÃO: 0	CLASSIFICAÇÃO: 75
NÃO SEREI RICO	MORTO OU PERDIDO	ESTOU FOCADO

Perceba que a pessoa do exemplo 2, mesmo com um rendimento mensal de 100 mil reais, tem um resultado de enriquecimento pior do que a pessoa do exemplo 1, que ganha apenas 5 mil reais por mês. Afinal, a pessoa do exemplo 1 poupa e investe. Já a pessoa do exemplo 2, mesmo com tudo o que ganha, apenas gasta e faz mais contas.

EXEMPLO 4	EXEMPLO 5	EXEMPLO 6
RENDA R$ 100.000,00 (R =10)	RENDA R$ 250.000,00 (R = 25)	RENDA R$ 50.000,00 (R = 5)
POUPANÇA 50% (P = 5)	POUPANÇA 10% (P = 1)	POUPANÇA 10% (P = 1)
RENTABILIDADE 5% (I = 5)	RENTABILIDADE 5% (I = 5)	RENTABILIDADE 2% (I = 2)
EQUAÇÃO FE = 10 × 5 × 5 = 250	EQUAÇÃO FE = 25 × 1 × 5 = 125	EQUAÇÃO FE = 5 × 1 × 2 = 10
CLASSIFICAÇÃO: 250	CLASSIFICAÇÃO: 125	CLASSIFICAÇÃO: 10
MULTIMILIONÁRIO	MILIONÁRIO	ZONA DE CONFORTO

Perceba que, no exemplo 5, mesmo que a pessoa ganhe, mês a mês, 250 mil reais, está abaixo do exemplo 4 na jornada do enriquecimento.

Mais uma vez fica claro que o enriquecimento pede que você dê atenção e gerencie suas três variáveis. E também explica por que muitas pessoas repletas de potencial nunca prosperaram financeiramente. Então, se você se classificou como "morto" financeiramente, "sobrevivente" ou "não serei rico", lembre-se de que isso é apenas uma fotografia de seu comportamento financeiro atual. Mude seu comportamento e você começará a mudar imediatamente sua posição na jornada do enriquecimento. O importante é que você aja agora. Depois aja de forma mais acertada. E, quando menos esperar, estará correndo montanha acima.

CALCULE SEU FE (FE = R × P × I):

A seguir, você vê a figura da jornada do enriquecimento. Depois de montar o seu Fator de Enriquecimento®, localize em que estágio está, se enterrado na neve de pernas para o ar, se está na jornada ou se já está na casa dos milionários.

JORNADA DO ENRIQUECIMENTO

DEFINIÇÃO DAS POSIÇÕES FINANCEIRAS

MORTO OU PERDIDO — NÃO POSSUI FE OU SEU FE É ZERO

O perdido é aquele que não conseguiu definir nem mesmo seu Fator de Enriquecimento®. Isso acontece por um total descontrole e desinformação a respeito das três variáveis: rendimento, poupança e investimento. Já o morto é quem possui as informações sobre as três variáveis, porém seu FE é zero. Essa pessoa vive no limbo, exposta a todo tipo de privação financeira.

SOBREVIVENTE — FE MAIOR QUE ZERO E MENOR QUE 1

O sobrevivente conseguiu não apenas ter os números de suas três variáveis como também descolou seu FE do zero. No entanto, tal indivíduo ganha muito pouco e também investe pouco e/ou mal. Seu FE sequer chegou a 1.

NÃO SEREI RICO — FE MAIOR QUE 1 E MENOR QUE 5

Esse indivíduo saiu do limbo, mas possui uma pequena renda ou uma forte incapacidade para poupar ou investir. Com esse comportamento, ele nunca será rico e o mais provável é que, lá na frente, quando sua capacidade produtiva diminuir, ele passe por apuros financeiros.

ZONA DE CONFORTO — FE MAIOR QUE 5 E MENOR QUE 15

A pessoa nessa posição pode até ganhar muito bem para os padrões brasileiros, porém sua capacidade de poupar e investir é praticamente nula. Ou, então, é muito boa em poupar e investir, no entanto, é incapaz de produzir um bom rendimento sobre seu trabalho.

ESTOU COMEÇANDO A JORNADA — FE MAIOR QUE 15 E MENOR QUE 30

As pessoas que se posicionam aqui têm, de fato, um bom rendimento ou a habilidade em investir um bom percentual de sua poupança com um bom retorno. Essas pessoas são vistas na sociedade como vencedoras e bem-sucedidas financeiramente. Porém, nesse ritmo, vai levar aproximadamente 30 anos para formar um patrimônio de 500 mil reais. E se 1 milhão não proporciona uma real liberdade ou independência financeira, imagine a metade desse valor.

NA JORNADA E FOCADO — FE MAIOR QUE 30 E MENOR QUE 60

Aqui a pessoa já caminha com boa consistência, possui um rendimento muito acima da média da população e ainda é disciplinada em poupar e hábil no investir. Se a pessoa que se encontra nesse ponto tiver sabedoria e disciplina, em cinco anos formará seu primeiro milhão (sem contar o imóvel e carros de uso pessoal). O desafio dela agora é não permitir que a vaidade suba à cabeça de forma que deixe de lado seus investimentos e sua poupança para o enriquecimento.

ESTOU FOCADO — FE MAIOR QUE 60 E MENOR QUE 100

Essa pessoa está de fato comprometida em se tornar milionária e já é tida por muitos como uma pessoa rica e próspera. Ela está pronta para se tornar milionária e, se tiver constância, logo será multimilionária. É uma pessoa que vive bem abaixo de seu poder aquisitivo e que investe boa parte de seu rendimento mensal em ficar rica. E mais, esse indivíduo se tornou um perito em investir, conseguindo, em média, 5% acima da inflação por ano. A maior parte das pessoas com esse rendimento estaria literalmente torrando dinheiro em carros, casas, viagens e grifes. Porém, o focado sabe o que quer e está disposto a pagar o preço. O indivíduo focado pode, em apenas dois anos, produzir seu primeiro milhão. E, acredite, pode ser difícil chegar ao primeiro milhão, mas, depois que o caminho, os hábitos e as crenças estão plantados, o resto é questão de tempo.

MILIONÁRIO — FE MAIOR QUE 100 E MENOR QUE 240

Essa pessoa já chegou lá. As crenças de prosperidade já estão basicamente formadas. Ela normalmente possui rendimentos superiores a 100 mil reais por mês, é uma ótima investidora e controla disciplinadamente seus gastos, dedicando em média, mês a mês, 40% para os investimentos. Muitos milionários caem na armadilha do ganho rápido e fácil. Nada derruba mais milionários e pessoas que estão focadas do que as falsas oportunidades que se mostram como investimentos extraordinários e, na verdade, são armadilhas para pegar os gulosos financeiros. Em dois anos essa pessoa pode amealhar seu primeiro milhão, o que, tecnicamente, a torna uma milionária. Contudo, é nessa fase que ela percebe que 1 milhão de reais, hoje, não é sinônimo de liberdade nem de independência financeira.

MULTIMILIONÁRIO — FE MAIOR QUE 240 E MENOR QUE 500

Como a própria definição no dicionário diz, multimilionário é aquele indivíduo que possui alguns milhões, o que, no nosso caso, não conta a casa nem carros de uso pessoal, muito menos apartamentos de praia. Muitos multimilionários não são reconhecidos como tal pela sua maneira frugal de se comportar. Obviamente, as pessoas ao redor sabem que ele é bem-sucedido, mas muitas vezes não imaginam que possui alguns ou muitos milhões em patrimônio. É muito comum pessoas bem abaixo na jornada do enriquecimento serem confundidas com um multimilionário e multimilionários serem confundidos com pessoas apenas bem-sucedidas. O fato é que o multimilionário tradicional possui uma renda superior a 150 mil reais e é um investidor consistente. Ainda neste capítulo, contarei o caso de um médico que ganhava em torno de 150 mil reais por mês e, na prática, era pobre e endividado. Precisamos estar cientes de que renda sozinha não garante riqueza. Afinal, uma renda mensal de 150 mil reais sem poupança para investir ou com gastos maiores que a renda são comportamentos que levarão o indivíduo à bancarrota.

MEGAMILIONÁRIO — FE MAIOR QUE 500 E MENOR QUE 1.000

Esse indivíduo está no patamar superior. Essa classe de ricos é composta pelo topo da pirâmide dos cantores e apresentadores brasileiros e pelos grandes presidentes de multinacionais com superbonificações (hoje no Brasil, talvez um ou dois cantores estejam acima dessa faixa de riqueza). Ainda fazem parte dessa categoria empresários com rendimento médio mensal em torno de 300 a 700 mil reais. E, se essas pessoas tiverem toda disciplina e reinvestirem em torno de 50% de tudo o que ganham, serão capazes de fazer 5 milhões de reais ao ano de patrimônio líquido. A questão aqui se traduz em tempo. Por quanto tempo conseguirão manter essa faixa de rendimento? Afinal, chegar a esse patamar em geral é mais fácil do que se manter nele.

ULTRAMILIONÁRIO — FE MAIOR QUE 1.000 E MENOR QUE 5.000

Aqui estão pessoas completamente fora do comum, que conseguem manter seus resultados por muito tempo. São absolutamente os melhores do Brasil, e talvez do mundo, no que fazem. Seus rendimentos são muitíssimo altos e seu padrão de vida é muito superior ao do rico tradicional. São, necessariamente, grandes empresários, em geral com milhares de funcionários. Além dos grandes empresários, existem pouquíssimos artistas que chegaram ao patamar dos ultras no Brasil. O ultra não apenas pode ter uma Ferrari, obviamente comprada à vista, como também um avião, se assim quiser. No entanto, a maioria dos ultras sabe o valor do dinheiro, calcula gastos e identifica a relação de custo-benefício em cada aquisição. Com disciplina, essas pessoas são capazes de produzir de 50 a 100 milhões de reais de patrimônio a cada cinco anos. Essas pessoas possuem lastros financeiros e redes de relacionamento suficientes para almejarem o próximo nível: bilionários. O que as separa desse nível são apenas duas coisas: paciência e mais tempo ou um toque de ousadia e riscos mais altos.

BILIONÁRIO — FE MAIOR QUE 5.000

Essa categoria é composta unicamente por grandes empresários ou seus sucessores. São pessoas que não têm ideia do que significa salário ou pró-labore, suas contas são pagas pelo seu secretário pessoal e os únicos números que eles enxergam são o lucro da empresa, o valor de suas ações e os dividendos proferidos pela empresa. É a revista *Forbes* que mapeia a posição desses bilionários mundo afora. No entanto, se você for um sucessor de um bilionário, ultra ou megamilionário, saiba que seu futuro não está garantido pelo sucesso de seu avô ou pai bem-sucedido. Todo o tempo vejo sucessores se tornando simples mortais do dia para a noite porque não sabem administrar o império que herdaram ou por brigas judiciais pela herança.

Tendo feito a equação, encontrado sua posição na montanha do enriquecimento e se certificado do quanto você já subiu e quanto ainda falta subir, responda às perguntas a seguir nas linhas disponíveis.

1. Qual o seu Fator de Enriquecimento® (FE)?
   _____.

2. Onde você está na jornada do enriquecimento?
   _____.

3. Como será o seu futuro se esse FE se mantiver em sua vida?
   _____.

4. Você tem organização financeira suficiente para medir o seu FE?
   _____.

5. Onde está sua maior falha? No rendimento, na poupança ou na incapacidade de investir?
   _____.

Depois de responder a essas perguntas, peço que tome duas decisões que mudarão seus resultados financeiros. E sempre que relacionar suas decisões reescreva-as na Relação Geral de Decisões na página 259.

QUADRO DE DECISÕES

1. _____
   _____
   _____

2. _____
   _____
   _____

PARA ENTENDER MELHOR O FATOR DE ENRIQUECIMENTO® ASSISTA À VIDEOAULA NO ENDEREÇO:
WWW.FEBRA.ME/FE-FERRAMENTAS

O FALSO RICO

Haverá casos de pessoas com um estilo de vida sofisticado, dirigindo carros importados e morando em belas casas, mas que estão de mal a pior na jornada financeira que vimos anteriormente, e vão gritar bravatas se dizendo ricas. No Brasil, milionário é aquele que possui pelo menos 1 milhão de reais — descontada a casa ou as casas de uso próprio e seus carros. Portanto, deixando de lado as aparências, vamos entender que esta é a vida de um falso rico. Imagine essa pessoa com um rendimento de 40 mil reais por mês. Apesar do seu bom rendimento mensal, o único investimento que ela possui é uma previdência privada em que aporta mensalmente 500 reais. Tendo como base o rendimento atual das previdências, em torno de 2% ao ano, e usando a tabela de conversão do Fator de Enriquecimento® essa pessoa tem o seguinte nível de riqueza:

$$FE = 4 \times 0{,}125 \times 2$$
$$FE = 1$$

Localizando o FE na jornada do enriquecimento, percebemos que, mesmo que essa pessoa viva como rica, está em um patamar muito baixo de riqueza e a qualquer momento seu castelo de areia poderá desabar com a mais leve marola.

Então, como entender e classificar essa pessoa? Na Jornada do Enriquecimento, classifica-se como alguém que não será rico (localize no desenho, na página 27) e, como padrão emocional, trata-se de um falso rico.

Vamos compreender melhor a diferença entre falsos ricos e ricos verdadeiros. Tive um cliente de coaching, médico renomado, com uma renda mensal acima de 150 mil reais. Sua família era composta por quatro filhos jovens, cada um com seu carro zero quilômetro, morando à beira-mar em um elegante apartamento de 400 metros quadrados. Quando começamos o programa de coaching, achei que se tratava de uma família rica e próspera. No entanto, logo percebi que se tratava de um caso de falsos ricos.

O apartamento à beira-mar onde moravam era alugado e estava há dois meses atrasado. Todos os filhos tinham carros novos e de ótima qualidade, porém todos eram financiados e sempre pagos com algum atraso. Eles viviam como ricos, se vestiam como ricos, se relacionavam com pessoas ricas, frequentavam ambientes finos e sofisticados.

Contudo, essa família de fato não **era** rica. Ela não cumpria a base do indivíduo que é o "ser", nem mesmo o topo da pirâmide que é o "**ter**". Todos naquela casa brigavam pelos recursos do pai. Cada um tentando pagar as suas contas em atraso ou disputando, mendigando, bajulando e exigindo mais dinheiro do pai. A esposa, por sua vez, estava sempre insatisfeita, cobrando viagens ao exterior, joias melhores do que as de suas amigas e o status que lhe fazia parecer rica. Esse meu cliente médico trabalhava mais de 15 horas por dia, entre clínica, cirurgias e plantões, e mesmo assim continuava completamente endividado, fatigado e deprimido. Por mais que se esforçasse, seu trabalho e rendimento nunca eram o suficiente, afinal o apetite por dinheiro e status de seus filhos e sua esposa não tinha limites. Mesmo que ele aumentasse sua renda ao longo do tempo, a fúria consumista de sua família sempre crescia mais rápido do que sua capacidade de aumentar seu rendimento.

Se nós observarmos atentamente, veremos que eles não **tinham** bem material algum. O apartamento era alugado, os carros financiados e, na prática, tudo pertencia aos bancos. Na intimidade do lar, eram escassos e miseráveis, brigando e disputando qualquer migalha de dinheiro. Dentre as três dimensões que perfazem a pirâmide do indivíduo, a única que eles cumpriam era a de **fazer** coisas que ricos fazem, o que, na verdade, os tornava ainda mais pobres a cada momento.

Paul McKenna, no seu livro *Eu vou te enriquecer* (2010), traz uma ótima definição sobre o que é ser rico: "Ser rico é viver nos seus próprios termos, segundo suas possibilidades, e não segundo suas limitações". Essa é uma ótima definição de riqueza, segundo a qual percebemos que meu cliente e sua família estão longe de ser verdadeiramente ricos, pois viviam muito além dos próprios termos e contexto financeiro e segundo suas limitações, sempre com falta e nunca mais com sobra. Cheios de cobranças, dívidas e pressão extrema. A verdade financeira daquela família é que eles eram falsos ricos. Pela falta de pulso e pela incapacidade de estabelecer limites e ser verdadeiro consigo e com sua família, aquele médico já acumulava, naquele momento, uma dívida de mais de 2 milhões de reais.

Montando a equação do Fator de Enriquecimento® desse médico, percebemos que sua renda era alta, porém com zero de poupança e zero de investimento. Assim a equação resultante é FE = 15 × 0 × 0 e o Fator de Enriquecimento® é ZERO. Na classificação do desenho da jornada financeira, isso o coloca no nível de morto financeiro. E, de fato, era lá que ele se encontrava.

Outro bom exemplo é o caso de um motorista que tive anos atrás. Vamos chamá-lo de Jaime para preservar sua identidade. Logo que ele veio trabalhar na minha casa comecei a ver um carro modelo novo e em ótimo estado de conservação em uma de nossas vagas. Questionei minha esposa se ela sabia de quem era aquele carro que quase todos os dias ocupava nosso espaço. Ao que ela respondeu: "É o carro do seu Jaime, você não sabia?". Fiquei surpreso, pois não estava acostumado a ver um motorista no Brasil com um carro tão bom. Passaram-se dois meses, aquele carro desapareceu e em seu lugar surgiu outro, zero quilômetro e um dos melhores modelos da Chevrolet. Novamente, indaguei a minha esposa se ela sabia de quem era aquele novo carro em uma de nossas vagas. E ela, novamente, me respondeu: "É do seu Jaime, nosso motorista, você não sabia?". Fiquei mais surpreso do que da última vez, afinal o carro que ele havia comprado custava quarenta vezes mais do que seu salário como motorista. Supus que ele havia usado seu outro carro para dar entrada no novo modelo e que havia assumido uma infinidade de prestações com juros altíssimos.

Diante desse cenário me senti na obrigação de conversar e orientar o seu Jaime sobre o bom uso do dinheiro e como não cair em armadilhas do comércio. Em nossa conversa, logo de início ele me confidenciou que era um sonho antigo ter um sedã de primeira linha. Fiquei feliz pela realização de um sonho, porém comecei a explicar sobre juros, juros compostos e as desvantagens de comprar um carro com tantas prestações. Nesse momento, ele fez uma cara de susto e me interrompeu: "Dr. Paulo, o senhor está pensando que comprei esse carro a prestações?". Consenti com a cabeça. E ele continuou "Não, senhor! Comprei esse carro à vista. Peguei parte de um dinheirinho que eu tinha aplicado, vendi o meu outro carro e paguei à vista a diferença do que faltava". Diante desse depoimento de sucesso financeiro, humildemente perguntei a ele: "Seu Jaime, por favor, me explique como o senhor conseguiu comprar à vista um carro que custa quarenta vezes o seu salário. Ele sorriu orgulhosamente, se ajeitou na cadeira e me explicou que, desde que começou a trabalhar, aos 17 anos, ele guardava boa parte do que ganhava e pagava sempre um pequeno terreno ou lote. Quando quitava um lote, logo começava a pagar outro. Com três dos cinco lotes quitados, ele os trocou por uma pequena casinha. Juntou mais dinheiro e construiu um segundo andar nela; então, ele alugava a parte de cima e morava na de baixo. Repetindo a mesma estratégia, logo ele tinha três sobrados alugados. Aos 30 anos, já possuía sete sobrados rendendo aluguel. Com 20 anos de empresa, foi demitido e usou todos os seus direitos trabalhistas e FGTS para comprar mais duas casinhas, que logo foram transformadas em sobrados.

Seu Jaime era um homem com menos de 37 anos e com uma renda de nove sobrados, o que significava 18 aluguéis. Se nós imaginarmos um aluguel médio de 500 reais, seu Jaime tinha, naquela época, 9 mil reais de renda passiva por mês. Porém, ele queria mais. Além dos aluguéis e de ser motorista com carteira assinada, ele acordava às 4 horas da manhã para preparar o café da manhã que ele e sua esposa vendiam em sua casa para os operários que trabalhavam na vizinhança de sua residência. "Fantástico, seu Jaime", bradei entusiasmado. "Qualquer hora dessas vou levá-lo para que o senhor dê seu depoimento para meus alunos." No entanto, ao longo dos meses de convivência descobri um homem avarento, mesquinho com a família e que vivia segundo suas limitações e não segundo suas possibilidades. Foram inúmeras as histórias de avareza que presenciei de seu Jaime. Todos os dias ele levava de casa uma marmita com apenas arroz, um ovo e um pequeno pedaço de carne-seca, em vez de usar seu vale-refeição para comer com os outros funcionários. Levar uma marmita de casa para o trabalho pode ser uma forma sábia de se garantir uma alimentação saborosa e saudável por baixo custo. O problema é que, de tão avarento, seu Jaime preferia ter uma refeição precária, mesmo tendo todas as condições para alimentar-se adequadamente. Outra atitude de avareza que seu Jaime me relatou foi que era ele mesmo quem escolhia e comprava as roupas da esposa e dos filhos, pois tinha medo de que comprassem o que não precisavam.

Se olharmos para a dimensão do **ter**, seu Jaime tinha muito mais patrimônio que meu cliente médico. Porém, nenhum dos dois era rico verdadeiro. Seu Jaime vivia abaixo de seus termos, meu cliente médico vivia acima de seus termos. Ambos viviam segundo suas limitações: o médico limitado pelas dívidas e pelo consumo desenfreado da família, e seu Jaime limitado pelo medo de voltar a ser pobre e pela busca desenfreada não da prosperidade, e sim de mais dinheiro. Levando em conta a receita dos aluguéis de seu Jaime, o salário de motorista e o lucro com a venda de café da manhã para os operários locais, seu rendimento total era de 13 mil reais. Ele poupava em toda a sua usura 60% de tudo o que ganhava. E seu rendimento girava em torno de 6% ao ano. Assim, o cálculo do Fator de Enriquecimento® do seu Jaime era: FE = 1,3 × 6 × 6 e seu fator de enriquecimento era 47. Isso significa que ele está na jornada, enquanto o médico está, quase literalmente, morto física e financeiramente.

Que tal agora um caso de um casal verdadeiramente rico em seus próprios termos, segundo suas possibilidades e não segundo suas limitações? Pedro e Carla, ao se casarem, tinham juntos uma pequena renda, a valores de hoje em torno de 4 mil reais. Ele, um pequeno empresário no início do negócio, e ela, gerente de informática de uma construtora. Ao ouvirem minhas orientações, eles seguiram a métrica da riqueza.[4] E o uso dessa mesma estratégia financeira, além de fazê-los imediatamente ricos em seus próprios termos, construiu neles a crença da verdadeira riqueza, fazendo com que ela fosse rapidamente promovida a diretora de Tecnologia da Informação (TI) e ele aumentasse substancialmente os lucros de sua empresa mês a mês.

A primeira atitude foi unir a renda, montar um orçamento familiar e planejar as metas. Em seguida, viveram segundo critérios rígidos de gastos

---

[4] Mais adiante, explicarei com mais detalhes a métrica da riqueza, uma ferramenta de produção de novos hábitos e crenças financeiras.

e investimentos. De forma geral, aquele casal pagava as contas com apenas 35% da renda, doavam em média 15% para igreja e para familiares necessitados e investiam 50% de tudo o que ganhavam em imóveis e aplicações financeiras. Perceba que o casal vivia uma disciplina e organização tremenda para conseguir poupar 50% da renda com o único fim de investir para serem ricos.

Ao seguir essa estratégia eles viviam segundo suas possibilidades, doando, usufruindo da própria vida, construindo um futuro de prosperidade e pagando todas as contas com dignidade. Ao final de tudo, ainda sobrava um pequenino montante desse dinheiro para fazerem o que bem quisessem. Os dois, mediante o fortalecimento de seus músculos emocionais financeiros, não só se tornaram investidores muito bem-sucedidos, com terrenos em valorização e vários imóveis alugados, como também montaram uma empresa que cresceu incrivelmente nos dez anos seguintes. Em nosso último contato em sessão de coaching, eles já tinham um patrimônio pessoal líquido de mais de 20 milhões de reais.

Tenho sido coach de empresários milionários e até bilionários, de artistas, atletas olímpicos e jogadores de futebol da Seleção Brasileira e, mesmo com tantos recursos financeiros, vejo pessoas com muito dinheiro vivendo uma vida miserável e escassa e outros, com muito menos, vivendo uma vida abundante e feliz. Seu compromisso agora é compreender o que é ser um rico verdadeiro e não um falso rico para que você nunca caia nessa armadilha. Sua jornada começa hoje.

Mesmo que soe repetitivo, quero lembrar as três dimensões do indivíduo verdadeiramente rico. Primeiramente, você precisa **ser** rico, ou seja, ter uma autoimagem de abundância e prosperidade, independentemente da sua renda e condição atual. A segunda dimensão é **fazer**, ou seja, agir e viver com hábitos de riqueza, vivendo em seus termos, segundo suas possibilidades e em abundância, nunca segundo suas limitações. E a terceira dimensão é consequência das duas primeiras que é **ter** bens materiais e recursos financeiros.

Trabalharei duro neste livro para ajudá-lo a ser rico e a viver um estilo de vida abundante. Quando isso acontecer, o dinheiro fluirá imediatamente para você. Porém, enquanto isso, vamos fazer uma avaliação de como você se posiciona em relação à verdadeira riqueza.

EXERCÍCIO

Com toda a sinceridade, atribua uma nota de 0 a 10 para cada item do primeiro bloco, sendo 10 para o que você vive intensamente e 0 para o que você não vive de maneira nenhuma. Use o segundo bloco de itens, que é oposto ao primeiro, como referência para facilitar sua compreensão sobre cada item e também o pontue da mesma maneira. Depois de dar as notas para seu estilo de vida financeiro, você descobrirá se é um rico verdadeiro ou apenas um falso rico.

CARACTERÍSTICAS DE UM RICO VERDADEIRO

1º Trabalha de forma intensa, porém equilibrada. ( )
2º A busca pelo enriquecimento não debilita outras áreas da vida, como saúde, filhos e casamento. ( )
3º É um doador nato, tem prazer em ajudar as pessoas com seus recusos e talentos. ( )
4º Não tem medo de ficar pobre, confia em sua capacidade de ganhar e fazer dinheiro. ( )
5º Seu ciclo social e as pessoas ao seu redor valem pelo que são e não pelo que têm. ( )
6º Acredita que dinheiro é um meio e não um fim em si. ( )
7º Não precisa de um ícone de riqueza, como relógio, bolsa ou carro de luxo, para se sentir melhor no meio de outras pessoas. ( )
8º Não se acha melhor do que pessoas com menos recursos. ( )
9º Usufrui a vida, gastando mais dinheiro em fazer coisas (viagens, experiências etc.) do que em ter coisas (relógios, bolsas, carros etc.). ( )
10º Busca aprender sempre, é um aprendiz humilde e disciplinado. ( )
11º É feliz, pleno e contente com o que tem e com o que é. ( )

Resultado da soma _____

CARACTERÍSTICAS DE UM FALSO RICO

1º É um *workaholic*. Trabalha dura, intensamente e sem medida, no limite da exaustão física e mental. ( )

2º A vontade de ser "rico" faz com que despreze outros pilares da vida, como filhos — mal assistidos em tempo e qualidade —, ou não dedique tempo para cuidar da saúde, ou, ainda, negligencie o casamento. Deixa um ou mais pilares em segundo ou terceiro plano em detrimento do trabalho e sucesso financeiro/profissional. ( )

3º Acredita em um mundo de escassez, no qual, para que alguém ganhe, outra pessoa precisa perder. ( )

4º Tem muito medo de ficar pobre. Por isso, retém e toma tudo o que pode ou trabalha arduamente sem descanso. E quanto mais dinheiro ganha, mais tenso e inseguro costuma ficar. ( )

5º Seu ciclo social e as pessoas ao seu redor valem pelo que possuem e não pelo que são. ( )

6º Acredita que dinheiro é o fim e não um meio. Por isso, faz do dinheiro o seu objetivo mais importante. ( )

7º Precisa de um ícone de riqueza, como relógio, bolsa ou carro de luxo, para se sentir melhor no meio de outras pessoas. Se não tiver um ícone de riqueza, mesmo que falso, se sentirá inferior. ( )

8º Considera-se melhor do que pessoas com menos recursos. ( )

9º Gasta mais dinheiro em ter coisas (relógios, bolsas, carros etc.) do que em fazer coisas (viagens, experiências etc.). ( )

10º Não se preocupa em aprender. Por se julgar rico, acredita que não precisa de mudanças em outras áreas da vida. ( )

11º Como aparentar riqueza é importante, não se incomoda em usar bolsas, relógios e equipamentos falsificados. ( )

Resultado da soma _____.

PERGUNTAS PODEROSAS DE SABEDORIA

1. Relacione três pessoas que possuem as características dos ricos verdadeiros.
   _____
   _____
   _____.

2. Relacione três pessoas que possuem características dos falsos ricos.
   _____
   _____
   _____.

3. Com quais delas você se assemelha mais? Em quais características você se parece com elas?
   _____
   _____
   _____.

4. Quais fichas caem? Relacione a seguir o aprendizado que adquiriu neste capítulo.
   _____
   _____
   _____.

5. Enumere três decisões que você toma para ser um rico verdadeiro. E depois relacione cada uma delas na Relação Geral de Decisões na página 259.
   _____
   _____
   _____.

DEFINIÇÕES DE RIQUEZA

Tendo em vista que você está trilhando a jornada na montanha do enriquecimento, é fundamental oficializar algumas definições de riqueza independentemente de se você já se tornou um milionário. Você verá na prática que dinheiro de fato é uma energia e, se você seguir e viver as definições que trago aqui, se tornará uma pessoa com atitude rica imediatamente e, dessa maneira, conquistar seu primeiro milhão, seu segundo milhão, seu terceiro milhão será apenas consequência de quem você se tornou.

Ao longo do livro, usarei essas definições de riqueza várias vezes para abordar conceitos e crenças necessárias para o crescimento financeiro. Quero que você observe cada caso e verifique se as pessoas que cito nas histórias viviam as definições de riqueza que trago aqui.

PRIMEIRA DEFINIÇÃO

> *"Ser rico é viver nos seus próprios termos, segundo suas possibilidades, e não segundo suas limitações".*
> McKenna, 2010, *Eu vou te enriquecer*

Essa definição é extremamente verdadeira e necessária para quem quer trilhar a jornada do enriquecimento. Conheci uma pessoa que dirigia um lindo Mercedes com prestações atrasadas e fugia do oficial de justiça que buscava apreender o carro. Essa mesma pessoa andava com um Rolex falsificado e roupas de grife. Quem não a conhecia poderia até achar que ela era rica. Porém, bastava ficar perto dela por algum tempo que logo veria que recusava ligações de cobradores e tentava entre vários cartões de crédito algum que "funcionasse".

Essa pessoa era verdadeiramente rica? Como são as emoções e crenças de alguém que, na prática, vive segundo suas limitações, fugindo dos cobradores e passando por humilhações diante de familiares e vizinhos?

Também conheço uma pessoa que, mesmo tendo um carro popular com quatro anos de uso (quitado), um apartamento de 80 metros quadrados (quitado), todo mês investia 30% de seu rendimento para se tornar milionária. Ela pagava todas as contas em dia, era honrada e respeitada por onde passava e crescia extraordinariamente como profissional. Na prática, quem era a rica nesses dois casos? A endividada que andava de Mercedes ou a que andava em um carro popular, porém com todas as contas pagas e investindo 30% do que ganhava em imóveis? Ninguém será rico se não viver em seus termos e segundo suas possibilidades. Mesmo que você ganhe muito dinheiro, se não viver em seus próprios termos, logo perderá tudo.

SEGUNDA DEFINIÇÃO

Como muitas pessoas diziam que a primeira definição é muito subjetiva e tinham dificuldade de colocá-la em prática, comecei a estudar e experimentar um modelo comportamental que pudesse ser seguido pelos meus clientes e alunos. Depois de mais de um ano de testes e experimentações com pessoas de todos os perfis financeiros, cheguei ao que chamo de Modelo de Abundância Financeira ou MAF, como conhecemos no Coaching For Money®.

Trata-se de uma maneira de mudar imediatamente sua conexão com o dinheiro e a riqueza. Uma forma rápida de viver como as pessoas ricas vivem, mesmo ainda não sendo rico monetariamente. É uma forma segura de ter uma vida abundante independentemente de quanto você ganha. Vivendo essa definição, você viverá os seis aspectos que as pessoas verdadeiramente ricas vivem. Esses seis passos se apresentam em uma ordem lógica que deve ser observada:

1º Fazer dinheiro ou ganhar dinheiro;
2º Ter ou possuir dinheiro e patrimônio;
3º Investir, fazer dinheiro e produzir dinheiro;
4º Usufruir da vida;
5º Abundar ou transbordar sua riqueza na vida dos necessitados;
6º Continuar com riqueza depois de ter cumprido os cinco passos anteriores.

Vamos agora à explicação de cada um dos seis passos.

PRIMEIRO PASSO

Fazer dinheiro é o primeiro passo das pessoas financeiramente abundantes. Como você já viu no Fator de Enriquecimento®, se você não ganhar uma quantia mínima necessária, enriquecer será uma jornada impossível. Aprender a fazer dinheiro é um misto de habilidades e crenças, e ambos precisam ser aprendidos e aperfeiçoados. Durante todo o livro e mais especificamente no Capítulo 3, você aprenderá a atitude e os comportamentos certos para fazer muitíssimo mais dinheiro. Esteja atento que muitas pessoas possuem as habilidades e as crenças para **fazer** muito dinheiro, porém não possuem as habilidades racionais e emocionais para **ter** dinheiro. Certamente você conhece pessoas peritas em **ganhar** dinheiro, no entanto incompetentes em **possuí-lo**. Assim, vivem constantes altos e baixos na vida financeira.

SEGUNDO PASSO

Ter dinheiro. Quando falo em ter dinheiro, refiro-me a ter recursos financeiros em espécie primeiramente. Refiro-me a possuir dinheiro aplicado em sua conta bancária. Para ser rico de verdade, é preciso ter liquidez, ou seja, ter dinheiro disponível a qualquer momento. Em segundo lugar, no quesito ter, o verdadeiro rico também deve ter patrimônio imobilizado de boa rentabilidade ou valorização. Já que não adianta apenas ganhar dinheiro para ser rico, precisamos também aprender a possuir bens materiais. Este é o segundo passo dos verdadeiramente ricos.

TERCEIRO PASSO

Investir, quando se tem perícia, é a garantia de três coisas. A primeira é a de que seu dinheiro vai aumentar acima da sua capacidade de poupar. A segunda é a certeza de que, se por algum motivo você precisar parar de trabalhar, não passará por necessidades financeiras. A terceira garantia é poder se aposentar e deixar o dinheiro trabalhar para você. Vou repetir o cerne do bom investimento: dinheiro trabalhando para você e produzindo dividendos que não necessitem de seu esforço ou trabalho.

QUARTO PASSO

Usufruir coroa a vida das pessoas que são verdadeiramente ricas. De que adianta ganhar muito dinheiro, possuir uma verdadeira fortuna e ainda ter investimentos, se você não aproveita a vida, os recursos e as possibilidades que o dinheiro proporciona? A jornada perde o sentido se o dinheiro se tornar uma carga pesada para você e sua família.

QUINTO PASSO

Abundar tem o significado histórico de transbordar. Algo só transborda em condições normais quando já está cheio. Transbordar significa ter mais do que o suficiente para encher o próprio cálice. O capítulo 23 do livro de Salmos traz um texto em que a promessa básica é abundar. Ele começa assim: "O Senhor é o meu pastor, e nada me faltará" (Salmos, 23:1). E depois completa: "Prepara uma mesa perante mim na presença de meus inimigos, unges a minha cabeça com óleo, meu cálice transborda" (Salmos, 23:5).

A questão é que cada um tem um cálice diferente do outro, e todo cálice está em constante mutação. Uns são de barro e outros metálicos. Uns brancos e outros azuis. Uns pequenos e outros grandes. O fato é que, independentemente do seu cálice, você só será rico quando ele transbordar. Isso pode ocorrer no começo de sua vida financeira, quando ainda ganha muito pouco, mas também quando você já é rico. Já que ele vai transbordar, deve transbordar na vida dos necessitados, carentes, doentes, desvalidos, abandonados. Com esse estilo de vida, você se torna mais do que apenas rico, você se torna próspero na essência da palavra.

SEXTO PASSO

Continuar com riqueza é o sexto passo do Modelo de Abundância Financeira (MAF). Afinal, depois de investir certo, de ajudar pessoas carentes e de usufruir das oportunidades e da liberdade que o dinheiro confere, é preciso continuar a evolução. Nem todo mundo consegue passar por todas essas fases com sabedoria e constância. Vamos a exemplos de pessoas muito experientes e que caíram em armadilhas. Abílio Diniz perdeu o controle do Grupo Pão de Açúcar com investimentos e parcerias. Donald Trump, mesmo bilionário, passou a usufruir a vida de maneira tão intensa, que quase quebrou seu negócio de cassinos e hotéis. Como sempre digo: "Ficar rico é um desafio, permanecer rico é um desafio muito maior".

TERCEIRA DEFINIÇÃO

A terceira definição de riqueza comumente usada é conquistar independência financeira. Isso significa ter renda passiva, ou seja, investimentos que gerem dividendos suficientes para que você mantenha seu padrão de vida atual sem ter de trabalhar por isso. Na verdade, eu nunca vi alguém se tornar verdadeiramente rico, e sem patologias emocionais, buscando construir renda passiva apenas com o objetivo de parar de trabalhar. Esse é o mantra dos funcionários insatisfeitos. Os ricos verdadeiros querem produzir renda passiva para ficarem ainda mais ricos e não para deixarem de trabalhar. Afinal, se eu me tornar uma pessoa muito rica, naturalmente terei renda passiva e muitos dividendos. Então, na minha cabeça, e na cabeça de todos os ricos que conheço, a única independência financeira possível é ser muito rico.

Com base na leitura até aqui, escreva no quadro a seguir quais decisões você toma.

QUADRO DE DECISÕES
_____
_____
_____
_____
_____
_____

CAPÍTULO 2

ESTADO ATUAL FINANCEIRO

"Quando nos permitimos olhar para o nosso mais profundo eu, trazemos luz e consciência a quem de fato nós temos sido e a quem de fato iremos ser."

Paulo Vieira

Sair de determinada situação, estado ou local e alcançar outro melhor e mais benéfico é o mesmo que realizar uma conquista. É como iniciar uma jornada rumo a um mundo melhor. Quando iniciamos um programa de coaching, normalmente o primeiro passo é determinar o estado atual, ou seja, onde a pessoa se encontra naquele momento no tema em questão. Se o tema é carreira profissional, o primeiro passo é entender e clarificar onde e como está a carreira profissional daquela pessoa. Se o objeto a ser abordado no coaching é o conjugal, o procedimento busca as informações que elucidem a realidade daquela relação. A mesma coisa acontece no coaching financeiro. A primeira coisa que um coach profissional faz é levantar toda a realidade financeira atual daquela pessoa, clarificando completamente toda a situação. Por exemplo: de quanto é a sua fonte de renda

Assista ao vídeo sobre Estado Atual Financeiro em www.febra.me/fe-estado.

média anual? Qual é o valor de todas as contas a serem pagas mês a mês? Qual é o montante das dívidas? Quais são as dívidas e quais são os juros de cada uma delas? Qual é o montante das aplicações e dos investimentos? Onde estão esses investimentos? Qual a rentabilidade de cada investimento? Qual é o patrimônio líquido? Etc. Agora, com todas as informações levantadas, podemos dizer, de fato, qual é a real situação financeira daquela pessoa. Devemos entender que isso não é um achismo, ideia ou conjectura, mas a realidade nua e crua do aspecto financeiro da vida daquele indivíduo. E quando uma realidade vem à tona, ela atua de duas maneiras: como fonte de prazer e contentamento pela conquista ou produzindo uma dor que, se canalizada, pode ser usada como um trampolim para o próximo nível.

A consciência do Estado Atual também nos mostra onde estamos naquela jornada e quanto nos falta avançar na direção do objetivo pretendido. Podemos usar a figura do monte na qual represento a jornada financeira. Ao identificar seu Fator de Enriquecimento®, você identifica um aspecto importante do seu **estado atual**, e agora está pronto para determinar o próximo passo: o **estado desejado**, que, em outras palavras, é a sua meta, o seu alvo, aonde você quer chegar.

Quando tenho clareza de onde estou na minha vida financeira e aonde quero chegar, isso significa que tenho marcados os dois pontos que delimitam minha jornada, o ponto de partida e o ponto de chegada. Se olharmos bem, temos a nossa jornada pronta para ser cumprida.

Tendo a perfeita compreensão do que significa **estado atual** e sua importância, está na hora de continuarmos e estabelecermos o seu estado atual financeiro, com clareza e verdade o suficiente para mobilizá-lo para mudanças drásticas e radicais na direção do nível mais alto.

O QUE SUA CARTEIRA FALA DE SUA RELAÇÃO COM O DINHEIRO

Vamos fazer uma análise bem simples, porém bem representativa da sua relação com o dinheiro. O primeiro passo é parar a leitura, abrir sua carteira de dinheiro e responder às seguintes perguntas:

1. Como estão as cédulas em sua carteira, separadas por valor ou colocadas indistintamente em qualquer espaço?
   _____
   _____
   _____.

2. As cédulas estão todas organizadas com a cara para o mesmo lado e o animal para outro? Ou estão guardadas de qualquer maneira, posição e sentido?
   _____
   _____
   _____.

3. As notas estão amassadas, rasgadas ou envelhecidas?
   _____
   _____
   _____.

4. Sua carteira de dinheiro está cheia de papéis velhos e sem sentido? Ela está tão abarrotada de coisas desnecessárias que parece uma mochila?
   _____
   _____
   _____.

5. Quantos reais você traz na carteira?
   _____
   _____
   _____.

6. Você traz mais ou menos de 200 reais?
   _____
   _____
   _____.

7. Se você traz menos, marque abaixo os motivos para não levar mais dinheiro consigo:
   (　) Medo de perder.
   (　) Medo de gastar.
   (　) Medo de ser assaltado.
   (　) Na verdade, não tenho mais do que isso.
   (　) Pense: para que levar dinheiro em espécie na carteira?

8. Quais fichas caem ao responder a essas perguntas que, na prática, revelam sua relação com o dinheiro?
   _____
   _____
   _____.

Mesmo durante uma infância e juventude fartas e abundantes, na maior parte do tempo eu não tinha contato com dinheiro propriamente dito. Quando queria algo, meus pais compravam, e no resto tudo acontecia com boa dose de prosperidade. Era fácil ter as coisas que queria. Porém, nenhuma decisão que fosse relacionada ao contexto financeiro tinha a minha presença ou participação. Em decorrência dessa falta de manuseio e contato com dinheiro, por muito tempo tive dificuldade de me relacionar com ele. Na fase adulta, em geral não o tinha e, quando o tinha, perdia, gastava, investia mal, me roubavam etc. É como se o dinheiro queimasse na minha mão e eu precisasse me livrar dele de algum jeito. Você já viu alguém agir assim com o dinheiro?

Vamos a uma metáfora para entender melhor como se constrói a difícil relação com o dinheiro. Imagine o Joãozinho. Desde que nasceu, ele soube da existência de meninas, porém só as via a distância ou em fotos. Sempre foi afastado delas porque seus pais acreditavam que ele não tinha idade para estar com elas. E assim aconteceu até completar 21 anos, quando seus pais lhe permitiram se relacionar com meninas. Na verdade, agora, eles até cobram que ele namore o mais rápido possível para que logo se case e venham os tão esperados netinhos.

No entanto, o ser feminino para Joãozinho é algo muito distante e diferente. Ele não tem ideia de como elas pensam e reagem e não sabe o que dizer nem como agir na presença delas. Como ele não sabe lidar com elas, sempre que está perto de alguma menina surge um conflito, ou ele fica sem saber o que dizer e fazer. No fundo, ele gostaria muito de namorar e ter um relacionamento sério e duradouro com uma menina, mas na prática ele não consegue. Assim, tudo o que ele quer nesses momentos é se livrar daquela situação estranha e constrangedora e dar um jeito de sair ou de fazer a menina ir embora. Cientes do jeito dele, as próprias meninas passam a rejeitá-lo. O mesmo acontece com o dinheiro quando não se aprende a lidar com ele.

Neste momento, não quero trazer uma solução, quero apenas que você identifique como, de fato, é a sua relação com o dinheiro, por meio do teste da carteira.

EXERCÍCIOS

ESTADO ATUAL

Vamos iniciar uma série de Perguntas Poderosas de Sabedoria[5] para identificar seu estado atual. Peço que relacione uma nota de 0 a 10 para cada quesito. Se você se identificar completamente com o quesito, coloque 10, se não se identificar em nada, coloque a nota 0. E se a identificação for parcial, dê uma nota intermediária.

( ) Trabalho, trabalho e ganho apenas o bastante para sobreviver.
( ) Conseguir pagar as contas já é uma vitória para mim.
( ) Não tenho tempo para minha família, saúde, lazer... Só tenho tempo para trabalhar.
( ) Levo a empresa nas costas, mas não sou reconhecido e ainda sou mal remunerado.

---

[5] O Coaching Integral Sistêmico® faz uso do método maiêutico que parte do princípio de que a verdade está latente em todo ser humano, podendo aflorar na medida em que se responde a uma série de perguntas sábias e bem estruturadas.

(   ) Trabalho muito e ganho pouco.
(   ) Quando ganho algo, logo perco alguma coisa.
(   ) Até tenho dinheiro, mas não consigo usufruir dele.
(   ) Quando as coisas estão melhorando, algo acontece e vai tudo por água abaixo.
(   ) Não gosto do trabalho que faço, e não tenho coragem para mudar.
(   ) Sonho com coisas materiais, porém são distantes e inatingíveis para mim.
(   ) Acredito que quem tem dinheiro é porque teve sorte, herdou ou roubou.
(   ) No fundo sinto rancor e, às vezes, inveja de alguém que tem o que eu não tenho.

Após pontuar as 12 questões, escreva nas linhas quais fichas caem.

_____
_____
_____
_____
_____
_____
_____.

Muitas pessoas leem 5, 10, 20 livros sobre crescimento financeiro e passam a saber muito sobre o assunto, porém a vida delas não muda. Depois de toda essa carga de leitura, continuam com a mesma vida financeira. Nenhum centavo a mais. Por quê? A resposta é simples. Tais pessoas, ao lerem todos esses livros, usaram predominantemente o hemisfério esquerdo do cérebro, mantendo o conteúdo apenas no aspecto cognitivo e de forma superficial. Sem reflexões profundas, sem grandes questionamentos. Essa é a receita da frustração: saber o que deve ser feito e não conseguir fazer. Entender o processo e não o colocar em prática. Para que isso não aconteça com você, peço que não pule absolutamente nenhum exercício, não deixe nenhuma linha em branco. E quando responder seja verdadeiro e profundo e deixe que o sentimento e a consciência aflorem.

COMO ESTÁ A SUA VIDA HOJE?

1. O que, de fato, está errado em sua vida financeira?
   _____
   _____
   _____

2. O que mais precisa de sua atenção, agora, em suas finanças?
   _____
   _____
   _____

3. O que tem feito você feliz?
   _____
   _____
   _____

4. O que, de fato, tem lhe entristecido e preocupado financeiramente?
   _____
   _____
   _____

5. Em quem você tem se tornado por causa do dinheiro ou da falta dele?
   _____
   _____
   _____

6. Você gasta dinheiro com sabedoria e planejamento ou de qualquer maneira?
   _____
   _____
   _____

7. Como será seu futuro pessoal se sua vida financeira continuar como está hoje?
_____
_____
_____.

8. Quanto você se sente capaz de lidar sozinho com dinheiro?
_____
_____
_____.

9. O dinheiro que você "tem" vem de você ou de outra pessoa?
_____
_____
_____.

10. Qual o sentimento que a palavra dinheiro ou contas lhe traz hoje?
_____
_____
_____.

11. Qual o diálogo interno ou as imagens internas mais recorrentes sobre finanças que você tem? E sobre qualidade de vida?
_____
_____
_____.

12. Quanto exatamente é o rendimento mês a mês? Ou qual é a média mensal do que você ganha?
_____
_____
_____.

13. Quais são exatamente seus gastos mensais? E em que você gasta?
_____
_____
_____.

14. Qual seu patrimônio líquido[6]?
_____
_____
_____.

15. Qual a renda mensal vinda de seus investimentos?
_____
_____
_____.

16. Qual sua relação de bens ativos? Enumere todos os bens que valorizam ou rendem dividendos.
_____
_____
_____.

17. Qual sua relação de bens passivos? Aqueles de uso pessoal que acrescentam contas a pagar.
_____
_____
_____.

---

[6] O patrimônio líquido é a representação da riqueza efetiva do indivíduo ou da empresa. É calculado a partir da diferença entre seus bens e suas despesas ou dívidas. Num exemplo simples, se sua casa, hoje, é avaliada em 300 mil reais e seu carro em 35 mil reais, mas suas despesas mensais são de 5 mil reais e você já acumula 40 mil reais de dívidas, seu patrimônio líquido será 300.000 + 35.000 − 5.000 − 40.000 = 290.000 de patrimônio líquido. A conta, no entanto, vai se tornando mais complexa à medida que entram investimentos, apartamentos não quitados etc. A partir da planilha de Balanço Patrimonial, disponível para download em www.febra.me/fe-ferramentas, você poderá calcular seu patrimônio líquido.

18. Quanto você tem em aplicações? E em dívidas?
___
___
___
___

19. De 0 a 10, quanta paz e segurança financeira você tem sobre seu futuro?
___
___
___
___

20. O dinheiro que ganha é suficiente para você, sua família e para o futuro dela?
___
___
___
___

21. A relação com o dinheiro gera harmonia ou desarmonia no seu lar? Como?
___
___
___
___

Vamos ao último exercício para elucidar seu estado atual financeiro. Peço que observe o Mapa de Autoavaliação Sistêmico© (MAAS).

Diagram: Mapa de Autoavaliação Sistêmico com 11 pilares: PROFISSIONAL, EMOCIONAL, ESPIRITUAL, PARENTES, CONJUGAL, FILHOS, SOCIAL, SAÚDE, SERVIR, INTELECTUAL, FINANCEIRO.

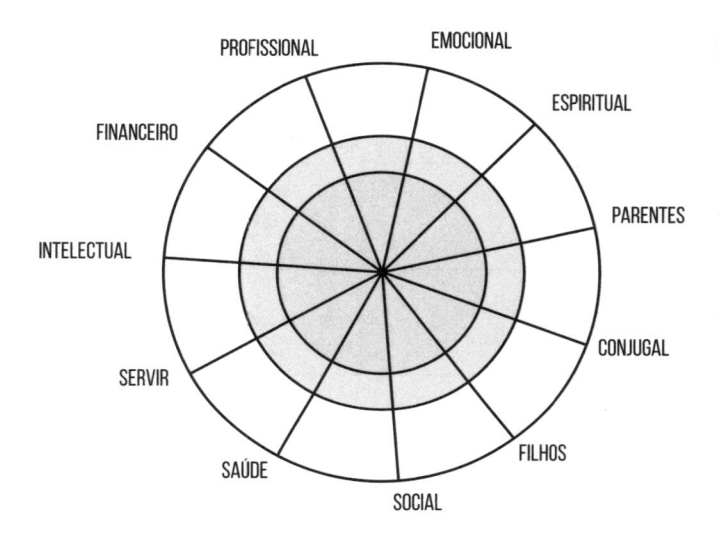

Sabemos que o ser humano é um ser sistêmico, no qual tudo influencia tudo: uma dor de dente pode impedir alguém de trabalhar; brigas conjugais interferem no desenvolvimento psicoemocional dos filhos e problemas financeiros podem interferir em todas a áreas da vida. Assim, peço que, observando os 11 pilares do Mapa de Autoavaliação Sistêmico© em sua vida, entenda como o dinheiro interfere em cada um deles, seja positiva, seja negativamente.

EXEMPLO

PILAR	INFLUÊNCIA
CONJUGAL	A FALTA DE DINHEIRO E AS CONTAS ATRASADAS TRAZEM BRIGAS CONSTANTES ENTRE MIM E MINHA ESPOSA.
FILHOS	A FALTA DE DINHEIRO ESTÁ FAZENDO COM QUE EU TRABALHE MAIS E SEJA GROSSEIRO E IMPACIENTE COM MEUS FILHOS.

EXERCÍCIO

PILAR	INFLUÊNCIA
EMOCIONAL	
ESPIRITUAL	
PARENTES	
CONJUGAL	
FILHOS	
SOCIAL	
SAÚDE	
SERVIR	
INTELECTUAL	
FINANCEIRO	
PROFISSIONAL	

Imagine que você é um consultor financeiro e precisa alertar a si mesmo sobre sua situação financeira atual e as ameaças futuras vindas da desordem financeira. O que você escreveria?

Caro(a) sr.(a) _____

Venho por meio desta fazer um alerta a respeito _____
_____
_____
_____
_____
_____
_____
_____
_____
_____
_____
_____
_____
_____
_____
_____
_____
_____
_____

Atenciosamente,

Seu(sua) consultor(a) financeiro(a).

COMO SAIR DAS DÍVIDAS

Antes de ensinar como sair das dívidas, vamos primeiro falar sobre como não entrar nelas. Devemos lembrar-nos de que, no âmbito emocional, dívidas são a materialização de crenças financeiras limitantes. Assim, fique atento, porque neste livro você terá suas crenças radicalmente modificadas. Já no aspecto cartesiano, dívidas vêm basicamente de se ter crédito. Afinal, só faz dívida quem tem crédito. Uma pessoa só pode dever na padaria se o dono dela lhe der crédito. Uma pessoa só deve no cartão de crédito se algum banco der esse crédito ou algum conhecido emprestar o cartão. Então, o primeiro passo para não ter dívidas é não usar, não solicitar ou cancelar o crédito.

Se você já se meteu nessa tormenta chamada dívidas, tenha certeza de que não existe riqueza com contas atrasadas. Se você quer ser rico, primeiro terá de acabar com suas dívidas. No entanto, antes vamos definir o que é *dívida*.

Dívida refere-se a obrigações financeiras não honradas. Em outras palavras, refere-se a contas que você não pagou. Já **conta** é uma despesa com vencimento futuro. Ou seja, uma conta só se transforma em dívida se não for quitada.

Existem pessoas que levam suas finanças como quem anda de bicicleta: se pararem, caem. Sobre isso, uso um conceito que chamo de **pedalar a bicicleta financeira**.

Pedalar a bicicleta: Acontece quando a pessoa paga todas as contas e não sobra nada para investir em ficar rico. Vive para pagar conta a ponto de não poder nem mesmo adoecer. Se adoecer ou ficar sem remuneração, mesmo que por um pequeno período, sua vida vira um caos financeiro. Mesmo deixando seu futuro e a possibilidade de enriquecer de lado, essa pessoa vive, de forma geral, uma vida confortável.

Pedalar a bicicleta com pneu furado: Essa imagem metafórica acontece quando a pessoa está quebrada financeiramente, mas não assumiu nem para si nem para as outras pessoas a sua real condição. Assim, faz mais dívidas para saldar as dívidas antigas. Ela pede dinheiro a familiares, amigos, banco, agiota e tudo o que ela consegue é aumentar seus problemas e envolver outras pessoas em seu caos financeiro. A dívida que já era pesada se torna insuportável. Mesmo assim, a pessoa endividada faz o impossível para continuar pedalando a bicicleta com o pneu furado, mesmo ciente de que está danificando toda a estrutura da bicicleta.

Bicicleta com o aro quebrado: Acontece quando a pessoa não consegue dinheiro para rolar suas dívidas e as coisas começam a parar. Então, seus credores percebem que ela não tem como pagar o que deve e assim ninguém mais empresta ou até dá dinheiro a ela, porque sabe que é uma situação perdida. Nesse momento, a bicicleta para com o aro e outras partes quebradas.

Você anda pedalando algum desses tipos de bicicleta?
1 ( )   2 ( )   3 ( )

A seguir vou desenhar um passo a passo para você sair das dívidas. Siga esse roteiro e em pouco tempo estará fora desse redemoinho traiçoeiro. Não siga e você — e quem estiver ao seu lado — colherá as consequências inesperadas e terríveis que afetarão todas as áreas de sua vida.

PRIMEIRO PASSO

Monte seu orçamento familiar[7] de forma que você consiga organizar tanto as contas como as dívidas e, assim, pagar as contas com 60% de sua renda. Não estou dizendo que é fácil e imediato. Estou dizendo que é necessário. Talvez você precise de planejamento, muitas conversas com a família e abrir mão de confortos e vaidades. (Minha experiência diz que é mais fácil para a maioria das pessoas abrir mão do conforto do que da vaidade e do status.) Talvez no primeiro momento você consiga diminuir seus gastos, mas, mesmo assim, ainda precise de 80% de sua renda para pagar as despesas mensais. Esteja certo de que é um processo que não pode nem deve ser interrompido.

SEGUNDO PASSO

Entender suas dívidas e qualificá-las. Relacione todas as suas dívidas (contas já atrasadas) por ordem de vencimento. Primeiro, as contas mais atrasadas. Peço que coloque apenas dívidas pessoais. Caso você seja empreendedor, faça outra relação das dívidas apenas da empresa. Não misture as contas da pessoa física com as da pessoa jurídica. E se já misturou está na hora de começar a separar.

TERCEIRO PASSO

Agora você vai colocar todas as suas dívidas pessoais na planilha a seguir.[8] Nela você vai separar suas dívidas pessoais essenciais das dívidas comuns. As dívidas essenciais são aquelas que você precisa pagar para que sua casa e sua vida pessoal continuem funcionando. Por exemplo: energia elétrica, gás, água, combustível, IPVA, comida, remédio etc. Fique atento para separar bem o que é essencial e o que não é. Na mesma tabela, seguindo a legenda, você deve informar qual o patamar dos juros.

---

[7] No site www.febra.me/fe-ferramentas você poderá fazer o download de um modelo de Orçamento Familiar.

[8] Você também pode imprimir este passo a passo de como sair das dívidas no site www.febra.me/fe-ferramentas.

	CREDOR	VALOR	VENCIMENTO	JUROS	ESSENCIAL?
1					( ) SIM ( ) NÃO
2					( ) SIM ( ) NÃO
3					( ) SIM ( ) NÃO
4					( ) SIM ( ) NÃO
5					( ) SIM ( ) NÃO
TOTAL:					

| JUROS BAIXOS: ≤ 2,5% | JUROS MÉDIOS: ≥ 2,5% E ≤ 5% | JUROS ALTOS: ≥ 5% |

A primeira faixa de juros será menor que 2%. E acredite, por mais absurdo que pareça, juros pessoais iguais ou menores que 2% no Brasil de hoje são considerados baixos. Nós vamos considerar juros mensais entre 2% e 5% como juros médios. E juros maiores que 5% são juros praticamente impagáveis e, pessoalmente, considero uma extorsão legalizada. Hoje, no Brasil — e não me pergunte por quê — os juros de cheque especial e cartão de crédito passam de 11% a 14%, que, acumulados ao ano, passam de 450%. O que quer dizer que, a cada ano, as dívidas de um desprecavido financeiro se multiplicam por mais de quatro vezes.

QUARTO PASSO

Esse momento desafiador vai exigir que você saia da zona de conforto. É hora de negociar todas as dívidas com base em seu orçamento familiar e seus rendimentos mensais.

Em toda negociação de dívidas existe uma promessa de pagamento futuro e, para que você honre seus novos compromissos, eu aconselho veementemente: **em suas negociações, sempre se comprometa com prestações 50% menores do que você acredita que consegue arcar e só faça isso mediante um orçamento muito bem organizado. Se possível, negocie primeiro as dívidas nas quais os juros sejam mais altos.**

Ao final da negociação, certifique-se de que conseguiu as melhores taxas possíveis. Afinal, deve ser seu interesse pagar a dívida, mas também deve ser do interesse de seu credor lhe dar condições de pagá-la — exceto as dívidas essenciais, que em geral não têm seus juros negociados. Eu o aconselho a buscar um advogado com experiência e vontade de ajudá-lo a negociar todas as dívidas. Se tiver um amigo ou parente com essa experiência e a firmeza e sangue-frio necessários, será de muita utilidade. O ideal é que você não tenha nenhuma dívida com juros acima de 2,5%.

Dívidas de cheque especial e cartão de crédito merecem uma atenção especial. Essas dívidas são as piores que alguém pode ter. Ou melhor, para ser pior do que elas, só se você tiver pedido dinheiro emprestado a um bandido sanguinário. Como os juros de cartão de crédito e cheque especial são altíssimos, você precisa urgentemente negociar essas dívidas com o banco. Isso, porém, só é possível se ainda estiver adimplente e com crédito no setor financeiro (estar com o nome limpo). Se seu nome estiver limpo, o banco tem obrigação de lhe conceder um empréstimo com juros muito menores do que os do cartão e do cheque especial. Porém, levando em conta que o banco "aluga" dinheiro, quanto maiores os juros, maior o lucro do banco e mais fácil seu gerente bater suas metas. Por isso, nem sempre é fácil conseguir uma negociação justa com essas instituições. Então, mais uma vez, alerto que você talvez precise da ajuda de um negociador experiente.

	1	2	3	4	5
CREDOR					
VALOR					
VENCIMENTO					
JUROS					
NEGOCIADO?					
JUROS 2					
DATA 2					
PAGO					
OBSERVAÇÃO					

QUINTO PASSO

Este é um momento também muito importante. Com base em seus rendimentos, seu orçamento familiar e também nas negociações que você conseguiu, seja sincero com você mesmo e decida quais dívidas é capaz de quitar e quais não é.

SEXTO PASSO

Conseguir arcar com todas as dívidas e manter seu lar e sua vida funcionando é o melhor dos mundos. Cabe a você, no Capítulo 3, aprender a aumentar seus rendimentos e acelerar a jornada do enriquecimento. Caso não consiga pagar as prestações de todas as negociações, mesmo com prazos mais elásticos e juros substancialmente menores, você precisa voltar à planilha de seu orçamento familiar e reduzir ainda mais suas contas. Por exemplo, vender seu carro e andar de táxi ou Uber. Ou, ainda, mudar-se para um apartamento menor, mais barato e com localização estratégica.

Alguns poucos sortudos têm um parente endinheirado e disposto a dar ou emprestar dinheiro a juros baixíssimos. Se é o seu caso, faça isso logo, mas só se não estiver pedalando a bicicleta de pneu furado. Caso contrário, você dará um calote em quem o ama e está disposto a ajudá-lo. Repito, mais uma vez, que você só deve assumir uma negociação se for capaz de arcar com ela.

Caso não tenha mais nada a reduzir em termos de gastos e, mesmo assim, não consiga arcar com os parcelamentos de suas negociações, chegou a hora de ir para o sétimo passo.

SÉTIMO PASSO

Faça uma relação de todas as contas que não consegue pagar e procure um advogado de confiança. Com ele, veja as consequências imediatas e futuras para cada conta em que tiver de fazer uma moratória unilateral. Como diz o ditado: "Não adianta ser mais realista que o rei". Se você não consegue pagar, não adianta se comprometer em fazer o que é impossível. No Brasil, pessoas não são presas por inadimplência. Então, você precisa de muito planejamento e não deve ceder aos cobradores mais agressivos que baterem a sua porta.

OITAVO PASSO

Vá ao exercício de enriquecimento do Capítulo 5 para conseguir planejar-se de modo que consiga viver com, no máximo, 60% de seus rendimentos. Quando chegar a esse patamar, você estará iniciando a jornada do enriquecimento. E continue focado a pôr em prática o Capítulo 3 e aumentar sua renda quantas vezes for possível.

Falo tudo isso também por experiência própria de quem viveu e superou todos os desafios, as limitações e humilhações das dívidas.

Tudo passa. As dívidas também, se você fizer a coisa certa.

Boa sorte e aja, pois eu estarei esperando você lá no alto da montanha do enriquecimento.

Com base na leitura feita até aqui, escreva no quadro a seguir quais decisões você toma.

```
┌─────────────────────────────────────────────────┐
│ QUADRO DE DECISÕES                              │
│ _____     │
│ _____     │
│ _____     │
│ _____     │
│ _____     │
│ _____     │
│ _____     │
└─────────────────────────────────────────────────┘
```

3
CAPÍTULO 3

PERÍCIA ▪️

"Viste um homem perito em seu ofício? Perante reis será posto; não será posto perante os de baixa sorte."

Provérbios (22:29)

Você já conhece o Fator de Enriquecimento® e sabe que existem apenas três variáveis de enriquecimento, assim, dominá-las será fundamental para seu sucesso financeiro. Não acredite que ficará rico economizando dois cafezinhos por dia. Como também não ficará rico ganhando 150 mil reais por mês, mas gastando 170 mil. De fato, você precisa praticar as três variáveis: **ganhar** dinheiro, **economizar** e, por fim, saber **investir** muito bem. Neste capítulo, vou ensinar uma maneira realmente infalível de aumentar sua receita várias vezes ao ano. Chamo esse conceito de PERÍCIA.

Eu categorizo o perito como aquela pessoa acima do especialista. É alguém com tamanha habilidade e conhecimento que sua palavra tem valor jurídico. É aquela pessoa que atravessa os oceanos para resolver o que os outros não resolveram. É aquele profissional que tem duas filas atrás dele: uma é a fila dos clientes esperando para ser atendidos e a outra é a fila dos fãs esperando para fazer uma *selfie*.

▪️ *Assista ao vídeo sobre Perícia em www.febra.me/fe-pericia.*

Enquanto um profissional comum cobra um valor X pelo seu trabalho, o especialista cobra 2X. Já o perito chega a cobrar mais de 20 vezes o valor que um profissional comum cobra pelo mesmo serviço. Conheço médicos que recebem do plano de saúde 50 reais por consulta, e tenho amigos médicos que cobram 1.500 reais por consulta (sei de outros que cobram muito mais). Nesse caso, estamos falando de 30 vezes mais. Você pode imaginar um médico ter de atender 30 pacientes para ganhar o que seu colega na sala da frente ganha em um atendimento?

Observando bem, percebemos que perito é aquela pessoa capaz de resolver problemas que outras pessoas não são capazes. Quanto mais exclusivo na capacidade de resolver problemas e problemas mais sérios, mais valor esse profissional terá. Como também mais requisitado e mais bem remunerado ele será.

Narro agora a história de Rita, uma mulher perita em seu ofício. Ela morava no interior do Ceará e aos 18 anos foi viver na capital. Maravilhada com os verdes-mares de Fortaleza, disse para si mesma que teria sucesso nessa nova etapa da vida. As cabeleireiras do estabelecimento onde a jovem varria o chão riram de seu sonho. No entanto, quando aconteceu o primeiro curso de cortes e penteados do salão, Rita pediu permissão à sua patroa para assistir, em troca, ajudaria na limpeza. Assim, ela fez seu primeiro curso. Já no dia seguinte, à noite, a moça estava cortando e penteando cabelos em sua comunidade. Houve um congresso de beleza e, novamente, ela estava lá, fazendo cursos de maquiagem e penteado.

Depois de alguns cursos, Rita pediu à sua patroa para fazer um teste no salão. Relutantemente, ela aceitou. Quando finalizou o penteado e a maquiagem, a moça foi contratada imediatamente. Havia passado apenas seis meses desde o dia em que fora contratada para os serviços gerais. Agora, ganhando mais, ela deu sequência ao seu plano de se tornar perita. Logo surgiu um curso em São Paulo de corte e penteado para casamento e lá estava ela. Chegando desse treinamento, a dona do salão começou a direcionar suas clientes que iam para festas glamorosas para aquela moça simples do interior.

Novos treinamentos, novas técnicas, novas ferramentas e, mais uma vez, lá estava ela. Rita passou também a ser assinante das melhores revistas do mundo sobre penteado e maquiagem para festas. Quando a dona do salão queria pesquisar um corte ou precisava de uma dica, era à novata que ela recorria.

Com um ano de profissão, Rita era a cabeleireira mais disputada no salão e cobrava mais do que qualquer outro profissional pelo penteado e pela maquiagem. Seu próximo passo rumo à perícia aconteceu com um ano e meio de profissão. Com o dinheiro que ela havia juntado fez um curso de visagismo, penteado e maquiagem para festas, em Milão, na Itália.

A partir daí, o que já era muito bom ficou melhor. Clientes passaram a frequentar sua casa, que, a essa altura, já havia se transformado em um minissalão. Cada vez pessoas mais sofisticadas a procuravam para penteados e maquiagem para casamento. Ao completar dois anos de profissão, pediu demissão e foi trabalhar apenas em casa.

No entanto, o sucesso não parou por aí. Hoje, enquanto escrevo este livro, essa jovem cabeleireira ganha mais de 100 mil reais por mês. Isso mesmo! Você deve imaginar que, para alguém ter um pró-labore de mais de 100 mil reais, deve ter um salão grande e cheio de funcionários, mas, na verdade, nem mesmo salão ela tem. Há três anos, atende seus clientes em domicílio ou no local onde a noiva irá se arrumar para o casamento. E você está se perguntando: Qual a mágica para essa jovem cabeleireira vinda do interior do Ceará ter um pró-labore tão alto? A resposta é simples. Basta observar sua tabela de preços e quantos atendimentos ela faz por dia.

Ela cobra pelo penteado e maquiagem da noiva mil reais. Para fazer o mesmo com a mãe e as irmãs, ela cobra 600 reais de cada uma. Para as madrinhas, ela cobra apenas 400 reais por *look*. Com sua equipe de assistentes, Rita chega a atender até 15 pessoas no mesmo casamento. O que dá, pelo menos, 7 mil reais. Com uma média de 4 casamentos por semana, a cabeleireira fatura mais de 100 mil reais por mês.

Qual a sua profissão? Qual a sua formação? Quantas horas você trabalha dia a dia? E agora, a grande pergunta: Quanto você ganha mês a mês? O fato é que, se você for um perito, certamente ganhará pelo menos dez vezes mais do que outro profissional que exerce a mesma função que você.

OS NÍVEIS DE PERÍCIA

Tenho catalogado cinco níveis de perito e, para cada nível, um patamar de resultados, reconhecimento e remuneração. Vamos conhecê-los.

O **perito nível 1** é o melhor profissional da empresa naquela função (levando em conta que a empresa é reconhecida como uma das cinco melhores da cidade no que faz).

O **perito nível 2** já é reconhecido na cidade. Aí está o advogado reconhecido como o melhor ou um dos melhores naquela especialidade do direito. O perito nível 2 é aquele médico que, na sua especialidade, é tido como um dos melhores da cidade e já existe fila de espera para consulta com ele. É também aquela designer de sobrancelhas que possui fila de espera de um mês. Porém, a fama e a credibilidade dessas pessoas não ultrapassam as fronteiras da cidade.

O **perito nível 3** é reconhecido não apenas em sua cidade ou estado. Ele é renomado em toda a região. Muitas vezes reconhecido em vários estados como uma sumidade no que faz. Essa pessoa normalmente fica em sua sala ou escritório e seus clientes vêm dos mais diferentes locais.

O **perito nível 4** é reconhecido nacionalmente. Ele conseguiu projeção, credibilidade e, sobretudo, grandes resultados. Abílio Diniz é um bom exemplo de perito nível 4. Afinal, quantas pessoas no Brasil construíram um império varejista como o que ele construiu?

Quantos peritos você conhece? Em qual nível eles estão? E você é perito? Se é perito, em que nível está? Se um perito nível 1 já é muito bem remunerado, imagine quando você se tornar um perito nível 4.

Nenhum perito se torna perito por sorte ou por coincidência. Ser perito em qualquer nível é por puro mérito.

O **perito nível 5** corresponde ao arquiteto Oscar Niemeyer, que tem obras no Brasil e no mundo. Ele era reverenciado como mestre onde estivesse, com discípulos espalhados nos quatro cantos, e ainda hoje é reconhecido. Seus traços arquitetônicos e projetos foram estudados nas principais universidades do mundo. Peritos desse nível são os melhores do mundo no que fazem. O piloto de Fórmula 1 Lewis Hamilton e o empresário Jorge Paulo Lemann também são exemplos de peritos nível 5.

Quem é o melhor no mundo em sua área? Quem é a pessoa que mais impacta e transforma vidas com o que faz no mundo? É fato que todo candidato a perito sabe quem são os peritos em suas áreas. O fisioterapeuta que busca ser perito sabe quem são os peritos na especialidade que busca. O corredor de *kart* sabe quem é o perito na categoria que almeja. O cardiologista, o escritor, o treinador ou qualquer outra pessoa que busca realmente crescer na sua profissão conhece a fundo os peritos superiores. Se você não sabe é porque não tem a ambição suficiente para trilhar o caminho do sucesso profissional e financeiro. Como o sucesso deixa pistas, não saber quem são os peritos na sua área quer dizer que você está perdido ou parado na carreira e no crescimento profissional.

Outro fato que tenho observado é que cada candidato a perito só pode ir até onde o perito que ele observa foi. Se você olha, observa e admira um perito nível 1, quer dizer que o lugar mais alto a que conseguirá chegar é lá. Se você tem como referência um perito nível 3, lá é o limite de suas possibilidades. As pessoas que se tornaram os peritos mais bem-sucedidos observam todos os peritos acima delas e trilham esse caminho hora a hora, como nós vamos ver a seguir. No meu caso, só comecei a progredir verdadeiramente quando elegi um perito no meu ramo. Ele era disparadamente o número 1 do mundo. Esse foco tem gerado grandes resultados em minha vida, pois me tornei um perito nível 4 com a maior remuneração por sessão de coaching do país. Sei que isso é só o começo e que o melhor de Deus ainda está por vir.

COMO SE TORNAR UM PERITO

A questão agora é como posso galgar esses níveis de perícia, como posso ir para o nível 1 e depois dar sequência a essa jornada. Na prática, é um caminho muito simples, porém muito pouco trilhado pela maioria das pessoas.

A unidade básica da perícia são **microciclos de nove horas diárias**. A composição desses microciclos é feita com uma hora de estudo aplicado à profissão que você exerce e oito horas de trabalho prático também em sua profissão. Se você é um jardineiro, precisa estudar uma hora por dia temas de jardinagem e no dia seguinte trabalhar pelo menos oito horas aplicando o aprendizado do dia anterior, somando, no total, nove horas – ou seja, um microciclo. O ciclo semanal da perícia é em torno de 55 horas semanais compostas por seis a sete horas de estudo e 44 a 56 horas de trabalho de segunda a sábado.

O erro mais comum é quando os profissionais acreditam que terão grande destaque na profissão apenas trabalhando 10, 11 ou 12 horas por dia. Em geral, essas pessoas não se tornam nem mesmo peritos nível 1.

Outro erro comum se dá com as pessoas que estudam 8, 9, 10 horas ao dia e não exercem a profissão na prática. Lembre-se de que a unidade básica da perícia se dá em uma hora diária de estudo acrescida de oito horas práticas de trabalho ligado àquele estudo. A pergunta mais frequente que me fazem sobre conquistar perícia é se podem acumular as horas de estudo diário no sábado. A resposta é sim. Se você faz um curso de gestão empresarial aos sábados no total de dez horas, você pode, sim, computar dez horas de estudo do sábado para compor seu ciclo semanal de 55 horas. Se, em uma semana, você conseguiu 55 horas, em um mês terá 220 horas de caminhada na direção da perícia.

A cada macrociclo da perícia, ou seja, mil horas combinadas entre estudo e trabalho na proporção que expliquei, você será levado a um nível mais alto de perícia. Assim, as primeiras mil horas o levam para a perícia nível 1. Mais mil horas o levam à perícia nível 2 e assim por diante até o nível 5. Então, podemos programar nossa jornada rumo aos mais altos níveis profissionais do Brasil e do mundo.

NÍVEL DE PERÍCIA	PERITO NÍVEL 1	PERITO NÍVEL 2	PERITO NÍVEL 3	PERITO NÍVEL 4	PERITO NÍVEL 5
TEMPO NECESSÁRIO	MIL HORAS	2 MIL HORAS	3 MIL HORAS	4 MIL HORAS	5 MIL HORAS

Vamos fazer uma conta aproximada: se em um mês você consegue ter 220 horas de perícia, em aproximadamente quatro a cinco meses você completa o primeiro macrociclo de mil horas e se torna perito nível 1, ou seja, o melhor profissional da empresa em que trabalha. No entanto, você quer mais e por isso dá continuidade à jornada da perícia. Em mais quatro meses, fecha mais um ciclo, atingindo o total de 2 mil horas e torna-se um perito nível 2. Nesse momento, você está reconhecidamente entre os melhores profissionais de seu setor em sua cidade. Veja bem, não passou mais de um ano e você se tornou perito nível 2.

Se é tão fácil assim ser uma referência na sua cidade em sua área de atuação, por que tão poucas pessoas caminham nessa trilha? O primeiro motivo é que quase ninguém sabe dessa combinação de horas de estudo e horas de trabalho para se tornar um perito. Por isso, ou trabalham muito, ou estudam muito e não formam a combinação certa dos ciclos.

O segundo motivo é a preguiça que as prende no sofá. O terceiro motivo é o fato de que as pessoas querem o sucesso, mas não estão dispostas a pagar o preço. Sinceramente, quantas pessoas você conhece que estudam uma hora por dia faça chuva ou faça sol? Quantas pessoas você conhece que, de fato, trabalham oito horas por dia sem perder tempo nem o foco com mídias sociais ou outras distrações ao longo do expediente? Ganhar 50, 100, 200 mil reais ou mais todo mundo quer.

Todos querem conhecer os melhores hotéis do mundo, visitar os maiores destinos turísticos, ter a casa dos sonhos, mas quem tem a disciplina de manter esse ritmo constante de estudo? Quem se dedica diariamente a pôr em prática as ferramentas, os conceitos e as estratégias que acabou de aprender. Minha esposa, e também sócia, é testemunha de minha rotina de estudo e trabalho. Estudo pelo menos uma hora todos os dias e, quando não consigo, completo minha carga horária no fim de semana ou durante um voo. Estudo sete horas todas as semanas, como também trabalho de forma ultraprodutiva 45 horas por semana.

Tornar-se um perito é completamente possível e rápido para qualquer pessoa, da mesma maneira que foi para mim e para a cabeleireira que citei. No entanto, a partir do momento em que você se torna perito nível 1, para chegar aos próximos níveis de perícia, será necessário adquirir três *expertises* complementares (coaching, business e marketing digital), que explicarei mais à frente.

CUIDADO PARA NÃO DESPERDIÇAR SEU TEMPO

Um cuidado que você deve tomar é não estudar temas ultrapassados, ineficazes ou conteúdos duvidosos. Você pode imaginar, a cada ciclo semanal, ter a qualidade ou quantidade do seu produto diminuída ou não incrementada porque você foi beber de uma fonte de má qualidade? Antes de iniciar um programa de estudo, certifique-se sempre de que o conteúdo é realmente eficaz, que ele ajudou outras pessoas a se tornarem peritas e que possui depoimentos verdadeiros e contundentes.

Certa vez, conheci dois fisioterapeutas. Cada um entrou em uma especialização diferente para tratar a coluna vertebral de seus clientes. Vamos levar em conta que ambos eram dedicados e disciplinados no aprendizado, mas o método de João era extremamente mais eficaz do que o método do Luís. Como os resultados do João eram muito maiores, ele atraía muito mais clientes. Com muito mais clientes e mais estudo, logo ele se tornou um perito nível 1 no tratamento fisioterapêutico da coluna. Já seu colega de profissão ficou reclamando da crise econômica que se instalou no país, usando-a para explicar os poucos clientes.

João, por ter muitos clientes e consequentemente mais dinheiro, teve a oportunidade de fazer novos cursos, mas desta vez na fonte original, com os melhores do mundo.

Mais uma vez, ele deu um salto ao aplicar tudo aquilo em seu trabalho e, ao fim de quatro meses, já era conhecido como o melhor fisioterapeuta de coluna da cidade. Sua busca pela perícia não parou aí: em menos de cinco anos, ele se tornou perito nível 4, passou a morar em São Paulo, associou-se a uma clínica muito sofisticada e é o fisioterapeuta preferido dos grandes cirurgiões e ortopedistas de coluna do país.

AS PERÍCIAS DE QUE VOCÊ PRECISA PARA SER RICO (TURBINADOR DE PERÍCIA)

Antigamente, ser apenas um médico muito bom já era suficiente para ter um fluxo de renda abundante. Ser um mecânico muito bom já era a garantia de ter uma carteira recheada de clientes. Porém, em um mundo que se modifica a todo instante, o que era ontem, hoje não é mais. Antes andávamos de fusca, hoje temos carros elétricos e híbridos que não necessitam de motorista. Vivemos em um mundo onde profissões desaparecem e novas surgem o tempo todo, onde o comportamento do consumidor é alterado pelas pressões sociais e também pelas inovações tecnológicas que parecem não ter limites. Somado a tudo isso, temos informação barata e disponível a qualquer pessoa pela internet. Assim, vence quem for mais preparado e mais veloz, em todos os sentidos. O desafio hoje não é trabalhar, mas trabalhar melhor e mais rápido.

Nesse contexto de ultravelocidade, ultraconectividade e ultracompetitividade, são necessárias, além da perícia em seu ofício, três outras *expertises* que precisam ser aprendidas pelas pessoas que querem e de fato estão dispostas a chegar ao mais alto nível profissional e financeiro. São elas: **alta performance** em Coaching Integral Sistêmico®, *expertise* em negócios e, por fim, conhecimento de **marketing digital**. Depois de se tornar perito nível 1, é importante que você passe a incluir o estudo e a prática dessas três *expertises* dentro dos seus microciclos de nove horas diárias.

Para você entender melhor, vou contar uma história. Um educador físico se tornou sócio-gerente de uma grande academia. Vamos chamá-lo de Cláudio. Ele já era bem conceituado no meio, tinha especialização em musculação e mestrado em fisiologia do exercício. Com a pressão do sócio investidor por mais resultados financeiros, meu colega andava tenso e nervoso. A decisão que ele tomou foi fazer outra especialização na área da saúde. Quando veio me contar a decisão, eu disse que não via o menor sentido. Ele já era muito bom no que fazia enquanto educador físico, entretanto, agora o problema era o negócio, que não ia bem.

Ele deveria investir pesado nas três *expertises* complementares: primeiro, em alta performance, através da formação em Coaching Integral Sistêmico®; segundo, em negócios, através do curso Business High Performance, e terceiro, obtendo conhecimento de marketing digital e mídias sociais. No entanto, ele se sentiu ofendido, pois achava que eu estava aproveitando o momento difícil dele para vender meus cursos. Eu disse: "Cláudio, eu não quero vender para você, tenho uma equipe comercial de mais de 40 pessoas espalhadas em todo o Brasil fazendo isso. O que eu quero é ajudar exatamente no que você precisa". Com mais firmeza na voz, continuei: "O que você precisa é saber gerir seu negócio. Entender de fluxo de caixa, demonstrativo do exercício, gestão de pessoas, estratégia empresarial etc. Já que agora você faz um trabalho gerencial, não precisa de mais um curso na área de saúde que não vai trazer experiência prática". Para completar minha maneira sincera de ajudar as pessoas, eu disse: "Amigo, entenda também que, além do que eu já falei, você precisará investir fortemente em marketing digital e mídias sociais com urgência. Se não fizer isso, sua empresa não chega ao fim do ano e você será o único responsável por isso".

PIRÂMIDE DA PERÍCIA

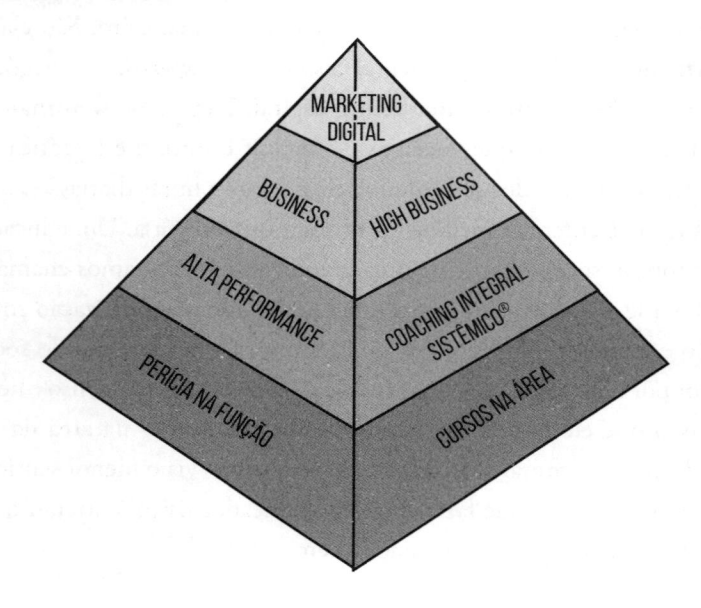

Esteja focado em buscar tanto a perícia na sua profissão como também as três *expertises* e jamais saberá o que é crise, muito menos momentos financeiros ou profissionais difíceis. Se dominar duas das três *expertises*, sofrerá com as variações de mercado e, ao longo do tempo, perderá para os concorrentes. Agora, se dominar apenas uma das três *expertises*, já está enfrentando problemas financeiros e profissionais e certamente está na corda bamba. Se você não possui nenhuma das três *expertises*, vive em um submundo que não é regido pelas leis de mercado ou então seu negócio já faliu. Hoje, qualquer coisa diferente disso é pura ingenuidade.

Por falar em ingenuidade, estava ministrando o Método CIS® em Manaus quando uma jovem, de aproximadamente 25 anos, no meio dos 1.600 alunos, interrompeu minha fala sobre perícia para falar que ela era a única pessoa capaz de salvar a empresa do tio, pois a empresa estava endividada e até o salário dos 200 funcionários estava atrasado. As condições da empresa eram de fato muito críticas. Minha primeira atitude foi parabenizá-la pela coragem e pela disposição de ajudar o tio. A segunda foi agir como coach e fazer perguntas poderosas de sabedoria. A seguir, relaciono minhas perguntas e as respostas que ela me deu.

PRIMEIRA PERGUNTA: Você já resgatou alguma empresa em sérias dificuldades?
Resposta: Não.

SEGUNDA PERGUNTA: Você tem experiência na área empresarial?
Resposta: Não, nunca trabalhei, sou estudante de Farmácia.

TERCEIRA PERGUNTA: Você entende de indicadores de desempenho, fluxo de caixa, demonstrativo de resultados, planejamento e controle de produção ou estratégia empresarial?
Resposta: Não.

QUARTA PERGUNTA: O que lhe faz pensar que você ajudará mais do que pode atrapalhar essa empresa?
Resposta: Sou motivada.

Iniciei minha fala pedindo que ela colocasse amor em minhas palavras e então disse: "Você é tão ingênua quanto é motivada. No mundo real, motivação sozinha não recupera uma empresa em sérias dificuldades. Da mesma maneira que um carro moderno deve estar cheio de acessórios tecnológicos para ser competitivo, é necessária muita perícia para recuperar uma empresa em dificuldades e torná-la competitiva. Pelo visto, você não possui perícia nem mesmo em farmácia, já que ainda é apenas estudante". Ela consentiu com a cabeça. Com um semblante de desesperança, perguntou: "O que posso fazer?". Respondi encerrando o assunto: "A única coisa que você pode fazer é convencer seu tio a contratar um coach para ele e a melhor consultoria empresarial para a empresa".

Hoje o profissional coach integral sistêmico tem feito toda a diferença na vida de pessoas e profissionais, ajudando-os a resgatarem a si mesmos, suas carreiras e suas empresas em meio à maior crise que o Brasil já viveu. No livro *Bilionários* (2015), Ricardo Geromel aconselha: "tenha um coach, ele vai observá-lo, desafiar e tirar absolutamente o melhor de você". Com um bom coach, é certo que você transformará potencial em resultados. Planos sairão imediatamente do papel para a realização, e o passado será apenas referência e aprendizado, pois seu coach vai fazer duas pontes: uma trazendo aprendizado do passado para o presente e a outra introduzindo conhecimentos que o levarão a viver o melhor dos futuros. Isso é alta performance, algo completamente necessário às pessoas que almejam resultados rápidos e consistentes.

Quando falamos de empresa, estamos nos referindo a muitas perícias e homem nenhum é capaz de dominar todas, por isso também aconselhei à jovem que procurasse uma consultoria. Na minha empresa, tive, em menos de um ano, nove consultorias prestando serviço. Vou enumerar cada uma delas:

1. **Consultoria financeira** para aprimorar os processos, controles e informações financeiras.
2. **Consultoria de processos** para dar sustentação ao crescimento da empresa.

3. **Consultoria comercial** para implantar funil misto de vendas conectado ao CRM (*Customer Relationship Management*, ou seja, Gestão de Relacionamento com Cliente, em português).
4. **Consultoria pedagógica acadêmica** para modernização do setor pedagógico.
5. **Consultoria de TI** para implantação de ERP (*Enterprise Resource Planning*, ou seja, Sistema de Planejamento de Recursos Empresariais, em português.).
6. **Consultoria de marketing digital** para auxiliar minha equipe a lançar cursos digitalmente.
7. **Consultoria tributária** para fazer um redesenho de forma que paguemos todos os impostos devidos, porém paguemos o mínimo possível e de forma ética e legal.
8. **Consultoria jurídica** para fazer um verdadeiro escaneamento em toda a empresa de forma que possamos prever questões trabalhistas, cíveis e contratuais de maneira geral.
9. **Consultoria de proteção do patrimônio intelectual** de forma que todo o nosso acervo de cursos, livros, marcas e propriedades intelectuais esteja protegido de pirataria e cópias não autorizadas.

Talvez eu e minha diretoria pareçamos exagerados em contratar nove consultorias em menos de um ano. Na Febracis, reconhecemos nossas limitações de conhecimento e precisamos de ajuda, não temos vergonha disso. É fato que essa postura tem nos feito dobrar de tamanho ano a ano, sempre mantendo uma ótima rentabilidade. Cada vez mais, nossos franqueados expressam gratidão pela competência de nossa equipe, que lhes permite ir além de suas expectativas.

EXERCÍCIO

Escreva quais fichas caíram com este capítulo e quais decisões você toma para atingir um patamar superelevado na sua vida profissional e financeira.

Fichas que caem: _____
_____
_____
_____
_____
_____
_____
_____
_____.

Decisões para ir ao nível mais alto: _____
_____
_____
_____
_____
_____
_____
_____
_____.

Com base na leitura feita até aqui, escreva no quadro a seguir quais decisões você toma.

QUADRO DE DECISÕES
_____
_____
_____
_____
_____

CAPÍTULO 4

AS CINCO CONDUTAS DA RIQUEZA

"Ordene aos que são ricos no presente mundo que não sejam arrogantes, nem ponham sua esperança na incerteza da riqueza, mas em Deus, que de tudo nos provê ricamente, para a nossa satisfação."

1 Timóteo 6:17

CONDUTA # 1 – QUERER SER RICO

Querer ser rico é o primeiro pré-requisito para enriquecer. Querer verdadeiramente ser rico vai fazer toda a diferença. Muitas pessoas dizem que querem enriquecer e prosperar e, de fato, elas querem. Mas será que querem o suficiente? É como querer ser magro. Afinal, quem não quer ter um corpo esbelto, saudável e bonito? A questão é se queremos suficientemente ter esse corpo e essa saúde. É necessário descobrir o que se quer mais: ser magro e esbelto ou comer a pizza preferida no jantar? Ser magro e esbelto ou dormir até mais tarde e não se exercitar? Ter um belo corpo e barriga de "tanquinho" ou comer à vontade até se saciar nas refeições?

A mesma coisa se dá em relação à construção da riqueza. A verdadeira pergunta não é se você quer ser rico. Afinal, quem não quer ter dinheiro de sobra para realizar seus sonhos? Quem não gostaria de ter dinheiro de sobra para ajudar pessoas carentes e necessitadas? Novamente a questão é: O que você quer mais? Ser rico ou comprar ícones de riqueza em grifes caras para mostrar para os amigos? Formar um patrimônio milionário ou comprar itens de luxo à prestação? Ser milionário aos 40 anos ou comprar a cada dois anos um carrão? Tudo se resume a fazer escolhas. Qual é a sua? O que de fato é mais importante para você? O que de fato você quer mais?

Eu acredito que a imaturidade emocional é uma das maiores armadilhas que impedem as pessoas de construir uma vida farta.

Pesquisas mostram que, como crianças, adultos imaturos e incapazes não sabem ou não conseguem retardar o prazer imediato em detrimento de um prazer maior futuro. Vamos a uma pesquisa clássica que evidencia isso. No final da década de 1960, na Universidade de Stanford, Walter Mischel, Yuichi Shoda e Monica Rodriguez usaram *marshmallows* para estudar o autocontrole de crianças de 4 anos.

No teste, um pesquisador entra na sala e deixa um *marshmallow* em um prato na frente da criança. Em seguida os pesquisadores fazem o seguinte trato com elas: "Você vai ficar 20 minutos sozinha nesta sala com o *marshmallow* no prato à sua frente. Se você aguentar e não comer o doce, quando eu voltar te darei mais um. Mas se comer não ganhará mais nada. Você topa?".

Com a tabulação da pesquisa e o acompanhamento dessas crianças pela juventude e fase adulta, constatou-se que aquelas que conseguiram retardar o prazer imediato do primeiro *marshmallow* para ganhar dois eram justamente os adultos de maior sucesso pessoal e profissional.

Conclusão: o sucesso é construído pelas pessoas que conseguem adiar o prazer imediato por um prazer maior depois. É fácil entender isso. Quem foi aquela pessoa que passou no concurso superconcorrido? Foi aquela que durante algum tempo entrou em imersão no estudo e se privou de vários prazeres momentâneos, como praia com os amigos, domingo no sítio, cinema toda quinta e baladas aos sábados? Ou foi aquele que curtiu a vida adoidado fazendo tudo o que lhe dava prazer imediato? Tenho certeza de que você sabe qual é a resposta. Ao perguntarmos para essa pessoa o que é mais importante: passar nesse concurso ou ir à praia nesse período de preparação? Sair com os amigos todos os fins de semana ou passar no concurso?, mais uma vez a questão não é se você quer, mas o que mais quer e o quanto quer isso.

Sinceramente, você quer de fato ser uma pessoa rica? Se a resposta for sim, necessariamente terá de fazer as coisas certas. Então, vamos agora identificar os hábitos, comportamentos e atitudes que o distraem e o afastam de uma vida rica e próspera. Perceba que não existe o não fazer. Passar o dia deitado em casa não é não fazer nada. É fazer algo, sim. Passar o dia dormindo ou deitado é fazer algo. É fazer algo improdutivo, empobrecedor e preguiçoso. E se você quiser verdadeiramente ser rico terá de eliminar esses prazeres momentâneos pela riqueza futura. Fique atento a que, quando você deixa de fazer algo, automaticamente passa a fazer outra coisa. Em síntese, não existe a inação. Ou você está caminhando na direção da riqueza ou na direção da pobreza. Não há meio-termo.

Assinale com um X, nas questões a seguir, cada um dos comportamentos que o afastam de uma vida rica, mostrando que ser rico não é tão importante para você.

1. Passar o dia em rede social e não estudar ( )
2. Dormir até tarde ( )
3. Gastos supérfluos e desnecessários ( )
4. Falta de planejamento financeiro ( )
5. Muita brincadeira e pouco trabalho ( )
6. Desorganização financeira ( )
7. Vida social muito intensa e muitos gastos ( )
8. Baixos resultados profissionais ( )
9. Meus amigos são mais importantes que minha carreira ( )
10. Compras compulsivas ( )
11. Falta de estudo na área ( )
12. Não estabelecer limites aos gastos de seus dependentes ( )
13. Busca exagerada pela segurança e por não errar ( )

14. Vaidade que impede de reduzir gastos ( )
15. _____ ( )
16. _____ ( )
17. _____ ( )
18. _____ ( )

BONS MOTIVOS PARA SER RICO

Você já sabe que apenas querer ser rico não é suficiente. É preciso querer a riqueza mais do que outras coisas menos importantes, mais do que viver o prazer imediato. Vamos, então, enumerar os motivos pelos quais você quer ser rico. Quanto mais bons motivos para ser rico você tiver, mais garra, mais dedicação e mais entusiasmo terá para fazer as coisas certas e que o levarão na direção de seus sonhos financeiros.

Dessa forma, você vai gastar menos tempo com o que é inútil e o afasta de seus sonhos financeiros. Vamos a uma analogia bem simples. Imagine que alguém o convide a fazer um passeio de ônibus urbano na hora do *rush*. Certamente você se perguntaria: "Por que deveria fazer esse passeio em um ônibus lotado na pior hora do dia?".

Para aceitar esse convite serão necessários motivos suficientes. Provavelmente você não o aceitará. Imagine agora que seu filho de 10 anos está fazendo um trabalho para o colégio no qual vai relatar a qualidade do transporte urbano. E, para isso, ele precisa fazer uma pesquisa de campo em um ônibus no horário do *rush*. E com todo jeitinho ele lhe pede ajuda. Se você for parecido comigo, você vai ajudar seu filho com todo o compromisso e entusiasmo. E por quê? Porque agora existem motivos suficientes para fazer esse trajeto.

A vida ocorre da mesma maneira em todos os aspectos do comportamento humano. Precisamos de motivos para fazer qualquer coisa. E precisamos de motivos suficientes para querer algo mais do que queremos outra coisa. Então, vamos elencar os motivos que temos para sermos ricos e prósperos.

DEZ BONS MOTIVOS PARA SER RICO

1. _____ ( )
2. _____ ( )
3. _____ ( )
4. _____ ( )
5. _____ ( )
6. _____ ( )
7. _____ ( )
8. _____ ( )
9. _____ ( )
10. _____ ( )

Agora que você enumerou dez motivos para ser rico, reordene em ordem de importância todos os itens, de 1 para o menos importante até 10 para o mais importante.

Cumprida essa fase, peço que preencha as linhas a seguir com dez motivos para não ser pobre. E, como no exercício anterior, coloque notas de 1 a 10 mediante o nível de importância de cada um dos motivos.

DEZ BONS MOTIVOS PARA NÃO SER POBRE

1. _____ ( )
2. _____ ( )
3. _____ ( )
4. _____ ( )
5. _____ ( )
6. _____ ( )
7. _____ ( )
8. _____ ( )
9. _____ ( )
10. _____ ( )

Observe cada um dos motivos para ser rico e, com sinceridade, marque quais motivos para ser rico são, na verdade, medo de ser pobre ou ainda desculpas para não ser pobre. Observe se de fato suas respostas são verdadeiras. Quanto mais verdadeiro você for consigo mesmo, maiores serão seus ganhos e aprendizado.

QUERER SER RICO É COMPLETAMENTE DIFERENTE DE TEMER SER POBRE

Quando alguém se torna rico motivado pelo medo de ser pobre, transforma o dinheiro e seus bens em seu guia. Para essas pessoas, o dinheiro tornou-se prioridade na vida, então o patrimônio e o dinheiro deixam de ser um meio e se tornam um fim, e seu possuidor passa a ser escravo e servo de seu dinheiro. O casamento, filhos, saúde e até a própria felicidade se tornam menos importantes que o dinheiro e as conquistas materiais.

Você conhece alguém que abandonou os filhos na própria casa pelo sucesso profissional? Você conhece alguém que deixou o casamento em segundo plano enquanto a vida profissional e financeira vinha em primeiro lugar? Você conhece pessoas com tempo e disposição para trabalhar e construir um patrimônio invejável, porém, sem tempo ou disposição para cuidar da própria saúde?

Para essas pessoas o medo de ser pobre, ou de não ser capaz de manter a si e sua família, adulterou seus valores primordiais. Elas passaram a querer a riqueza de maneira desmedida e se tornaram completamente cegas. Já estive com quem é anestesiado e ensandecido pelo dinheiro e pela riqueza. Com gente sem uma percepção real da própria vida. Com pessoas que têm os filhos sofrendo, saúde decadente, casamento destruído e estão completamente surdas e cegas aos gritos e as lágrimas desesperados de seus familiares e completamente anestesiadas para o próprio sofrimento.

Esses indivíduos não percebem que a vida é um todo, composta por pelo menos 11 áreas fundamentais para a felicidade humana. Observando o Mapa de Autoavaliação Sistêmico (MAAS©) a seguir, você percebe que a vida financeira é uma das 11 áreas. E quando damos mais atenção a ela ou a outra área qualquer, deixando outras de lado, certamente teremos problemas mais à frente.

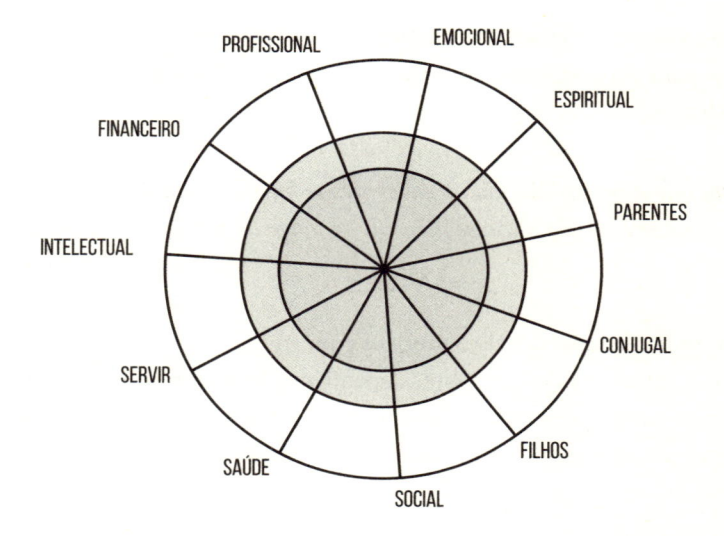

Mapa de Autoavaliação Sistêmico Ferramenta Febracis©

Uma vida financeiramente rica e feliz precisa, ao longo do tempo, de equilíbrio em todas as 11 áreas da vida. Então, seja rico pelos motivos certos. Relaciono a seguir alguns bons motivos para ser rico. Assinale quais deles são importantes ou reais para você. Depois você deve comparar com seus bons motivos para ser rico.

1. Ser rico para realizar meus sonhos;
2. Ser rico para usufruir de coisas boas da vida;
3. Ser rico para gerar riqueza e empregos;
4. Ser rico para ajudar os necessitados;
5. Ser rico como um estilo de vida abundante;
6. Ser rico para ser exemplo para outras pessoas também o serem;
7. Ser rico para contribuir com o reino de Deus na terra;
8. Ser rico para ter uma velhice plena e saudável;
9. Ser rico para influenciar positivamente o mundo ao meu redor;
10. Ser rico e usar o dinheiro para defender uma causa humanitária/social;
11. Ser rico para cumprir o que Jesus Cristo disse: "Eu vim para que tenham vida, e a tenham com abundância" (João, 10:10);

12. Ser rico para conhecer lugares extraordinários ao redor do mundo;
13. Ser rico para proporcionar oportunidades extraordinárias a mim e a meus filhos.

> *"Quando a motivação maior de ser rico se baseia no **medo**, a infelicidade é certa e as consequências ao longo do tempo são terríveis."*
> Paulo Vieira

Vamos agora à relação de falsos motivos para ser rico, os quais, na verdade, baseiam-se no medo de ser pobre, dependente financeiro ou ainda no medo de viver as consequências da falta de dinheiro. Então, depois de ler estes exemplos, marque aqueles que se parecem com seus sentimentos.

1. Ser rico para ter segurança;
2. Ser rico para que eu nunca mais viva as dificuldades que vivi;
3. Ser rico para que meus filhos não passem pelo que passei;
4. Ser rico para que eu tenha uma velhice segura;
5. Ser rico para que sempre que precise possa contar com o que existe de melhor;
6. Ser rico para ser respeitado;
7. Ser rico para que as pessoas me aceitem e me amem;
8. Ser rico para dar um ambiente melhor para meus filhos, diferente do que tive;
9. Ser rico para que ninguém pise em mim;
10. Ser rico para poder deixar meus filhos seguros financeiramente.

Se você observar bem, todos esses dez motivos para ser rico, na verdade, são motivos para não ser pobre e viver as consequências da falta de dinheiro. E, como já disse, quem enriquece ou se mantém rico pelo medo jamais será verdadeiramente rico.

Neste livro, você está aprendendo uma maneira sistêmica e ecológica[9] de ser rico, de forma que o seu enriquecimento seja fluido, natural e rápido. Quero que a prosperidade seja um estilo de vida prazeroso para você e para quem estiver do seu lado. Quem disse que para ser rico você precisa ter uma existência de sofrimento ou privações sem fim? Podemos sim, deliberadamente, por algum tempo e de forma planejada, pagar algum preço, porém, se seguir este livro, esse preço jamais será sofrimento ou tristeza. Muito menos destruirá ou abandonará áreas de sua vida para ter sucesso em outras.

CONDUTA # 2 — SENTIR-SE RICO

Outra maneira de conquistar riqueza financeira e material é se sentir rico hoje. Isso mesmo. Talvez você se pergunte: Devo me sentir rico hoje? Como? Se não tenho patrimônio, não tenho um rendimento digno? Como me sentir rico, se mal consigo pagar as minhas contas sozinho? Sentir-se rico hoje será fácil se você der o foco certo às coisas certas.

Porém, antes de explicar a importância de se sentir rico, é muito importante que você saiba que o sentimento vem sempre antes das realizações. Bons sentimentos produzem bons resultados e maus sentimentos produzem maus resultados. E ainda mais: sentimentos de pobreza atraem e criam ambientes e circunstâncias de pobreza, já sentimentos de riqueza produzem e atraem ambientes e circunstâncias de riqueza. Isso se dá também na química orgânica.

Quando nos sentimos bem e felizes, produzimos mais serotonina, mais endorfina e mais dopamina, que, juntas, nos fazem olhar para o futuro e não para o passado, nos fazem focar na solução e não nos problemas e ainda revigoram e ativam o sistema imunológico, trazendo mais bem-estar e saúde física.

---

[9] A ideia de ecológico aqui se refere ao fato de uma escolha fazer bem a todas as áreas da vida e a todas as pessoas à sua volta. Um objetivo só é considerado ecológico quando não há áreas ou pessoas que saiam prejudicadas.

No entanto, quando os sentimentos são negativos, nosso organismo busca congruência com esses sentimentos e produz uma química proporcional a eles. E quando persistimos ou intensificamos esses sentimentos ruins, a química neuro-hormonal segue o mesmo caminho produzindo ainda mais hormônios como cortisol, hormônio do estresse, e adrenalina, que atua em momentos de medo ou raiva.

Em grande quantidade, esses hormônios se tornam um veneno físico e emocional para o ser humano, interferindo diretamente no córtex frontal, prejudicando decisões e comportamentos. Além disso, danificam o sistema imunológico e fazem com que o foco sejam as ameaças e não as oportunidades. Tudo isso é determinado pela qualidade e intensidade dos sentimentos.

Quer prosperar? Então, lembre-se de que o sentimento de riqueza vem antes do dinheiro. E certamente é por isso que as pessoas que participam do treinamento Fator de Enriquecimento® mudam tão drasticamente a própria vida e seus resultados. E o mais impactante é notar que, junto com as mudanças financeiras, acontece uma profunda mudança de atitude e mentalidade diante da vida.

Nossos pais e o senso comum nos dizem que se conseguirmos um bom emprego seremos felizes. Dizem também que se tivermos sucesso profissional seremos felizes. Que se formos promovidos ou se nossa empresa prosperar teremos bastante dinheiro e seremos felizes.

> *"Na verdade, novas pesquisas na área da psicologia e da neurociência demonstram que o que de fato acontece é o contrário: temos vitórias de verdade quando estamos alegres e temos verdadeiro sucesso quando somos felizes".*
>
> Shawn Achor, 2012, *O jeito Harvard de ser feliz*

Diante das mudanças que notamos em nossos alunos, percebemos que o caminho do sucesso profissional e financeiro é algo muito mais simples do que o preconizado por alguns autores de livros sobre finanças pessoais, que nos ensinam um passo a passo sacrificante e repleto de privações, no qual se privar do cafezinho é a diferença entre ser rico ou pobre.

O caminho para a riqueza também não é uma panaceia infantil e sem sentido como alguns autores de autoajuda querem nos mostrar em seus livros e treinamentos. O caminho para o crescimento financeiro pode ser leve, simples, prazeroso e completamente científico. Meu compromisso agora é usar fatos para mostrar a você que já é um vencedor e que as coisas que já possui ninguém neste mundo pode comprar de você. Com essa percepção, tenho certeza de que seus sentimentos serão mais prósperos e positivos, e depois disso você já sabe o que vem.

No modelo a seguir, enumere os dez itens mais valiosos em sua vida. Podem ser coisas ou estados que você já possui ou pelos quais já passou ou passa e que o fazem realmente feliz. Em seguida, atribua um valor monetário para cada um deles. Certamente você dirá que isso ou aquilo não tem valor, mesmo assim, atribua um valor monetário para cada item. Não importa o preço, se o item é seu, cabe a você colocar o preço que lhe convém e quanto de fato valeria se fosse precificado.

MEU MAIOR PATRIMÔNIO	QUANTO VALE
MINHA SAÚDE	R$ 100 TRILHÕES
A VIDA DOS MEUS FILHOS	R$ 500 ZILHÕES
1.	R$
2.	R$
3.	R$
4.	R$
5.	R$
6.	R$
7.	R$
8.	R$
9.	R$
10.	R$
SOMA TOTAL DO SEU MAIOR PATRIMÔNIO	R$

Depois de somar seu maior patrimônio, quais fichas caem? Existe alguém com dinheiro suficiente para comprar seu verdadeiro e maior patrimônio? Será que existe dinheiro no mundo capaz de pagar pelas dez coisas mais importantes de sua vida? Escreva nas cinco linhas a seguir como você se sente ao dar foco e reconhecer tudo o que já tem e em quem tudo isso o torna. Quais fichas caem ao saber que o que você tem o faz um megatrilionário?

_____
_____
_____
_____ .

CONDUTA # 3 – SER GRATO

O terceiro e talvez mais importante pré-requisito para ser rico é a gratidão. Para que a gratidão funcione como propulsor de riqueza, ela precisa ser **comunicada** e expressa por meio de palavras, atos e ações. A partir dessa comunicação intensa de gratidão surge naturalmente uma maneira diferente de pensar. Ou seja, uma maneira grata de **pensar**, a percepção de como somos beneficiados e agraciados com as mais pequenas coisas que nos acontecem e com aquelas que deixam de acontecer.

Quando nos tornamos capazes de nos comunicar e pensar de forma grata, passamos finalmente a **sentir** uma forte gratidão por tudo. Até pelas coisas ruins que nos acontecem, mas que acabam produzindo aprendizados só percebidos e aproveitados pelos mais sábios. As pessoas que conseguem viver uma vida de gratidão estão não um passo à frente das outras, mas a quilômetros de distância. E estão à frente não apenas na vida financeira, mas em todas as áreas da existência humana.

A gratidão é uma estrutura complexa e de um poder gigantesco, que vai muito além da psicologia, da neurociência ou de qualquer outra matéria observada isoladamente. A gratidão é uma emoção, disposição de ânimo, virtude moral, hábito, traço de personalidade, de se sentir grato e fundamentalmente reconhecer:

1º   que fomos beneficiários da bondade de alguém para viver e ser feliz;
2º   que o benfeitor fez algo por nós a algum custo intencionalmente e poderia não ter feito;
3º   que mesmo quando alguém faz alguma coisa por nós recebendo algo em troca, podemos ser gratos porque essa pessoa o fez;
4º   e que o recebedor é humilde o suficiente para reconhecer que precisa dos outros para viver e ser feliz.

Se de fato você quer enriquecer na essência mais profunda da palavra e também monetariamente, a gratidão será completamente necessária em sua vida. Estudos mostram que pessoas gratas conquistam riquezas materiais com muito mais facilidade e em muito menos tempo. Além disso, mostram que a tendência de pessoas que conquistam algum tipo de riqueza sem serem gratas é a de perder seus bens ao longo do tempo ou de nunca serem felizes com suas posses. Quantas pessoas ricas financeiramente você conhece, ou já ouviu falar, que se sentiam extremamente infelizes? Quantos artistas de sucesso você conhece que, mesmo com todo o dinheiro e conquistas, vivem deprimidos emocionalmente?

Ao longo da minha carreira, entrevistei e modelei mais de 1.300 pessoas de todos os tipos. Muitas delas eram minhas clientes de coaching ou pessoas com resultados superpositivos ou resultados terríveis em alguma área. Meu objetivo com cada uma delas era entender o que chamo de cadeia neural, promovida pela sequência do comunicar, pensar e sentir[10]. Assim, fiz centenas de perguntas a cada uma dessas pessoas para entender o porquê de seus resultados bons e ruins, lentos ou rápidos, profundos ou superficiais. E procurei investigar o composto da mentalidade produzida pelo **comunicar**, **pensar** e **sentir** em cada um deles e seus efeitos.

---

10   Explicação simplificada da matriz de geração de crenças, conteúdo exclusivo do Método CIS®: tudo aquilo que comunicamos por meio de palavras e ações determina nossos pensamentos. Estes, por sua vez, determinam os nossos sentimentos. Essa tríade de comunicar, pensar e sentir produz as nossas crenças (programação mental) que, por sua vez, determinam quem somos e consequentemente todos os nossos resultados na vida.

Nesses casos, busquei também entender quais crenças estavam por trás de cada resultado. Este livro, em grande parte, é fruto de estudo e modelagem de meus clientes mais bem-sucedidos e daqueles menos bem-sucedidos. Afinal, podemos aprender sempre. Aprender o que fazer e também aprender o que não fazer, entendendo que o mundo responde a leis de causa e efeito.

Nesse processo investigativo e de aprendizado pude atestar que as pessoas gratas não apenas eram as mais felizes, mas também as mais prósperas e que viviam de acordo com suas possibilidades, e não segundo suas limitações. A gratidão sempre foi o maior diferencial competitivo de todos os meus entrevistados no tocante a conquistas e sobretudo no sentimento de realização e plenitude.

> *"Não há riqueza e plenitude sem o sentimento de gratidão."*
> Paulo Vieira

Ben Stein, filósofo, escritor de discursos para os presidentes norte-americanos Gerald Ford e Nixon, afirma em uma de suas célebres frases: "Não posso lhe dizer, em alguns minutos, como ser rico. Mas posso lhe dizer como se sentir rico, o que sei, por experiência própria, é muito mais produtivo. Seja grato... esse é o único esquema totalmente confiável de enriquecimento lícito e rápido". Ele acompanhou muitos presidentes desde a ascenção até a queda, e viu bem de perto quais eram os frutos da gratidão e da ingratidão em todas as áreas humanas.

Quando olhamos para uma pessoa verdadeiramente grata, percebemos que o dito popular que afirma que a gratidão é a mãe de todas as virtudes é a mais pura verdade. Farei um paralelo entre pessoas gratas e ingratas para mostrar os resultados que elas vêm obtendo na vida e como eles estão diretamente ligados à gratidão ou à ingratidão.

Para exemplificar, posso contar uma história pessoal de quando fui contratado para uma grande feira empresarial. Durante os três dias de evento, meu papel era fazer business coaching com os executivos seniores das empresas, clientes que visitavam o estande e ainda um minisseminário sobre alta performance.

Na ocasião estranhei que o presidente da empresa, vamos chamá-lo de Carlos, não havia comparecido ao evento, o maior da América Latina. No sábado pela manhã, último dia, dois diretores me confidenciaram que o presidente estava há mais de 60 dias incomunicável em sua ilha de Angra dos Reis em profunda depressão emocional. Os diretores estavam muito preocupados com seu presidente, não apenas pelo afeto pessoal de muitos anos, mas também porque muitas decisões e ações empresariais estratégicas estavam paradas, enquanto a concorrência saía sequencialmente na frente.

Sem muita esperança, depois de já terem tentado quase tudo, eles me contrataram para retirar seu presidente do exílio emocional em Angra dos Reis. Durante a conversa com os diretores, descobri que a esposa do presidente havia importado um modelo de Mercedes Benz que ainda não havia chegado ao Brasil e ele próprio havia comprado outro helicóptero, ainda maior e mais moderno do que o primeiro, com a esperança de que esses dois itens de luxo e riqueza o tirassem daquele estado lastimável. Pretensão esta que obviamente não funcionou mais que alguns minutos.

Combinamos a viagem e fomos de helicóptero para Angra. Chegamos por volta das dez horas da manhã de um domingo. Era um dia muito bonito, e um percurso lindo passava pela mata Atlântica, um mar espetacular e finalmente uma lindíssima e paradisíaca ilha. O rotor da aeronave parou e fui recepcionado pelo caseiro da ilha: um goiano de sorriso largo e brilhante, de origem simples, que me ajudou a descer da aeronave e logo perguntou: "O senhor é o doutor que vai ajudar meu patrão?". Consenti prontamente tentando reproduzir o lindo sorriso dele.

Enquanto um dos diretores entrava na casa para tentar tirar o presidente de dentro do quarto para a sessão de coaching comigo, o sorridente caseiro foi me mostrar a ilha em um *tour* pelo entorno. Ali, naquele pequeno *tour*, conheci um dos homens mais prósperos e ricos em seus próprios termos que jamais conheci: o caseiro.

Logo que começamos nossa caminhada ele me apresentou seus dois filhos que pulavam fazendo piruetas de um trampolim de madeira para dentro do mar de águas transparentes. Crianças com o mesmo sorriso largo e brilhante do pai. Depois de ele dar um beijo em cada um dos filhos, continuamos nosso passeio ao redor da ilha.

Que homem **feliz**! Seu **otimismo** era completamente contagiante. Ele falava como se sentia privilegiado de morar naquele lugar tão lindo com a esposa e os filhos. Paramos em sua pequena casa de tijolinhos vermelhos envernizados, a cem metros da casa do presidente da empresa. Com todo orgulho, ele me mostrou sua sala, cada vaso de planta que havia plantado, cada flor e a parte do seu jardim que ele mais gostava, cheia de bougainvílleas vermelhas.

A docilidade e a forma como ele me tratava parecia uma forma de dizer muito obrigado. Obrigado por eu estar ali, obrigado por ter ido ajudar seu patrão, obrigado por estar ouvindo tudo o que ele falava, obrigado por estar tomando um café em sua casa. Aquele homem exalava gratidão por todos os poros.

Ele me deu uma aula de sabedoria que me deixou constrangido diante da perspectiva dele de ver o mundo e as pessoas. Uma nova perspectiva de me ver e perceber o quanto Deus havia me agraciado. Depois de trazer todo aquele aprendizado para mim e me refazer da emoção, perguntei como era seu patrão, acreditando que descobriria algumas características peculiares que me ajudariam a compreender melhor pelo que ele estava passando naquele momento. No entanto, só ouvi palavras de **honra** sobre ele.

Elogios e mais elogios. A impressão é de que ele havia filtrado todas as características de seu patrão deixando apenas as boas. Sem esconder minha surpresa, disse: "Seu patrão deve ser uma pessoa muito boa mesmo, né?", o que rapidamente ele confirmou: "Ele é uma pessoa maravilhosa... tem um jeito meio durão, mas isso é o jeito dos homens de negócios". E continuou: "Eu era vaqueiro dele e cuidava dos cavalos que ele tem no seu haras. Graças a ele hoje estou aqui vivendo com minha família neste paraíso. Como moro aqui na ilha, não tenho onde gastar meu salário, então boa parte do que ganho eu junto para comprar a minha fazendinha em Goiás". Ele finalizou dizendo: "Meu patrão é um homem muito bom".

Estava muito claro o **otimismo** daquele homem simples do interior. Como quem fala um segredo, ele me disse cheio de fé e esperança: "O senhor é resposta de oração. Ontem orei para Deus mandar alguém tirar meu patrão de cima da cama. E hoje o senhor chegou. Deus é bom, não é verdade?". Ele tinha uma fala repleta de **fé** e de **esperança** como eu jamais havia visto.

A parada seguinte foi no píer, onde estavam estacionadas duas lanchas enormes e dois *jet skis*. Ali, ele me falou de seus sonhos de voltar para Goiás dali a quatro anos e ter uma pequena fazenda. Seu plano financeiro de enriquecimento era completamente factível, pois ele já tinha uma pequena propriedade e seis casinhas na região que agora estavam alugadas e gerando dividendos. Além disso, seus pais e a irmã mais velha viviam em uma pequena propriedade que ele havia comprado anos antes. Pensei comigo: esse é o cara! Ao chegarmos à sala da casa principal, ele ainda teve tempo de me dar um forte abraço e repetir seu mantra: "Muito obrigado, doutor. Que Deus retribua tudo o que o senhor está fazendo pelo meu patrão".

Depois de ler esse caso e entender a personalidade do meu novo amigo, peço que dê uma nota para cada um dos aspectos a seguir que compõem a personalidade de gratidão do caseiro. Quanto mais a nota se aproximar do 5, mais características de gratidão você percebe nele e, quanto mais se aproximar do –5, mais ingratidão você percebe nas características e nos comportamentos dele. Pare agora, avalie e pontue o caseiro na tabela.

GRATIDÃO	ESCALA	INGRATIDÃO
FELICIDADE	5 4 3 2 1 0 –1 –2 –3 –4 –5	INFELICIDADE
OTIMISMO	5 4 3 2 1 0 –1 –2 –3 –4 –5	PESSIMISMO
DOADOR	5 4 3 2 1 0 –1 –2 –3 –4 –5	TOMADOR
DÓCIL	5 4 3 2 1 0 –1 –2 –3 –4 –5	RUDE
HONRA	5 4 3 2 1 0 –1 –2 –3 –4 –5	ACUSA
FÉ	5 4 3 2 1 0 –1 –2 –3 –4 –5	INCREDULIDADE
AMPARO	5 4 3 2 1 0 –1 –2 –3 –4 –5	ABANDONO
AMOR	5 4 3 2 1 0 –1 –2 –3 –4 –5	ÓDIO
RETRIBUIÇÃO	5 4 3 2 1 0 –1 –2 –3 –4 –5	RETENÇÃO
ESPERANÇA	5 4 3 2 1 0 –1 –2 –3 –4 –5	DESESPERANÇA
POSSUI	5 4 3 2 1 0 –1 –2 –3 –4 –5	NÃO POSSUI

O que conto a seguir é a segunda parte da história do caseiro e seu patrão na ilha de Angra. Depois de chegar à casa principal, depois daquele *tour* pela ilha acompanhado do caseiro, esperei um pouco e logo chegou o Carlos, dono daquela ilha, dono da grande indústria, das lanchas, dos aviões a jato, dos helicópteros, e não sei mais do quê. Ele chegou com roupa amarrotada, barba por fazer, o rosto amassado, de quem acabara de acordar, e um olhar de total **desesperança**.

Sentamos em seu escritório e, antes de começar a sessão de coaching, ele me perguntou, com uma voz de raiva e intolerância, se eu já conhecia "o filho da mãe" do caseiro. Na realidade, não foi apenas isso que ele disse, houve mais xingamentos que não reproduzirei aqui. Não entendi de imediato por que tanta raiva de uma pessoa aparentemente tão boa. Diante do meu olhar de incompreensão, ele mesmo completou: "Esse rapaz é um idiota. Como ele, pobre do jeito que é, burro e sem estudo, fica sorrindo para tudo e todos? Ele faz isso enquanto eu aqui, com tudo o que tenho, não tenho vontade nem de viver". Estava claro que a inveja da felicidade do seu caseiro o machucava ainda mais. E cada **acusação** era uma maneira de rebaixar o caseiro, que, em muitos aspectos, era muito mais próspero do que o próprio patrão.

> "A gratidão é um fenômeno profundo e complexo que desempenha papel fundamental na felicidade e performance humana."
> Emmons e McCullough, 2004, *The Psychology of Gratitude*

A questão é que a gratidão direciona e intensifica o foco do indivíduo para as coisas boas e para aquilo que já possui. Já a ingratidão direciona todo o foco para o que a pessoa não tem, não faz ou ainda não é. A ingratidão tem o descomunal poder de mudar o foco da solução para o problema, das possibilidades para as impossibilidades. Sempre teremos aflições e desafios. A questão não é onde focaremos, na aflição ou nas bênçãos, pois isso é apenas consequência do seu nível de gratidão. A questão é se seremos determinados e disciplinados o suficiente para trazer para nossa vida uma poderosa comunicação de gratidão independentemente das circunstâncias.

Quer um bom motivo para ser grato? Se você está vivo é porque as bênçãos chegam em um fluxo maior que as aflições. Que tal começar a agradecer pelas coisas mais simples e básicas?

Voltando à história: eu estava lá diante de um homem em um estado péssimo e tinha a responsabilidade de, em no máximo duas horas, tirá-lo daquele estado de depressão e colocá-lo em um helicóptero a caminho de São Paulo. Sim, o desafio era grande e me sentia pressionado não pelo estado do meu cliente, mas pelo tempo exíguo. Então, sem perder tempo, comecei a fazer as perguntas que todo bom coach faria para elucidar o estado atual do cliente. Rapidamente tudo se descortinou.

A empresa estava no vermelho e precisava urgentemente de uma nova unidade fabril mais moderna e mais central. Além disso, para continuar competitiva, precisava também construir mais dois megacentros de distribuição e de mais investimentos em marketing. Como se não bastasse, patentes estavam prestes a cair, e a única alternativa era vender a empresa para um grande grupo multinacional.

Ao acabar de narrar a situação da empresa, ele bradou de forma **rude** e **odiosa**: "Esses miseráveis estão querendo tirar tudo o que eu tenho! Minha diretoria é incompetente e estão achando ótimo que eu venda tudo". Ainda completou: "Se estão achando que vou dar fácil o que é meu, estão muito enganados. Vou antes ferrar com todo mundo. Vou **tomar** tudo o que eu puder deles. Se o barco afundar, vou levar muita gente comigo". Para ele, era certo que perderia a empresa, o prestígio e o cargo de presidente. Mesmo assim, continuaria um homem de mais de 1 bilhão de reais de patrimônio líquido.

Os "mortais" se perguntam: será que 1 bilhão não é o suficiente? A resposta a essa pergunta é do psicólogo Robert A. Emmons, que mostra, em seus trabalhos na Universidade da Califórnia, em Davis, que pessoas verdadeiramente gratas tendem menos a basear sua felicidade nos bens materiais e no status e sentem menos inveja e são menos propensas a medir o sucesso em função do ganho, da posse material ou da posição social.

E era justamente isso o que estava acontecendo com Carlos. A profunda ingratidão o fazia focar em perdas, problemas e impossibilidades. Se eu tentasse mudar seu ponto de vista ingrato e pessimista mostrando cognitiva e racionalmente que ele já era um vencedor por tudo o que havia construído, mostrando ainda que era um bilionário, que sua esposa e seus filhos o amavam, eu estaria sendo ingênuo e ineficaz em seu processo de restauração.

O caminho mais eficaz era mudar sua atitude ingrata para uma atitude grata. Foi o que fiz. Primeiro, perguntas gerais e específicas que atestavam e fincavam bandeiras de conquistas em seu caminho de tantas vitórias. Claramente, ele percebeu que suas vitórias eram muito maiores do que as derrotas. O segundo passo foi lhe mostrar exercícios poderosos que ensino no curso de Formação Profissional em Coaching Integral Sistêmico®.

O terceiro passo daquele processo de socorro rápido foi o exercício da comunicação consistente da gratidão em atos, palavras e ações. O resultado foi o surgimento de um novo homem em sua postura física, tom de voz, expressão facial e palavras. Mesmo que ainda não fosse o homem mais feliz do mundo, ele se trocou, barbeou-se e entrou em seu novo helicóptero.

Ao irmos para o heliponto, estava lá de pé meu novo amigo, o caseiro, com aquele lindo sorriso da mais sincera gratidão acenando para nós. Depois da decolagem, à medida que o helicóptero se afastava, fiquei observando aquele homem até perdê-lo de vista.

Como sei que você está curioso para saber o fim dessa história, vou dar algumas informações que não comprometem a identidade de meu cliente. Ele de fato vendeu a empresa e se tornou acionista minoritário com 5% das ações, e passou ainda três anos como seu CEO durante a reestruturação.

Continuamos o processo de coaching por seis meses preparando-o para a transição. Nesse período, ele iniciou uma nova empresa muito menor que a anterior, porém, com a nova atitude de gratidão, ele passou a viver em estado de entusiasmo e felicidade. Aquele homem rude, soturno, que não comunicava sentimentos positivos se transformou em um novo pai, marido e avô. E que avô! Imaginar aquele homem brincando de cavalinho com seu neto era a atitude mais improvável de se ver. Recebi uma foto com essa cena e, no comentário, ele usava um dos meus bordões favoritos: "Isso dá uma sooorte!".

Como já sabemos, primeiro vêm os bons sentimentos e depois o verdadeiro sucesso. Ele entendeu que o estilo de vida antigo estava destruindo o seu maior patrimônio e que todos os problemas na empresa, que de antemão ele via como insolúveis em um mundo de ingratidão, podiam ser vistos através da gratidão como uma oportunidade de ser muito mais feliz e realizado.

Depois de ler a segunda parte da história, peço que volte à tabela comparativa da gratidão e ingratidão na página 99 e pontue com outra cor de caneta, porém de acordo com os mesmos critérios, avaliando o nível de gratidão do presidente antes de todas as mudanças que ele teve.

De forma geral é muito conveniente olhar para si, dentro do espectro tradicional da gratidão e da ingratidão e se avaliar. Afinal, segundo as minhas avaliações com milhares de alunos do Método CIS®, mais de 95% se julgam inicialmente pessoas com tendências muito mais voltadas para uma postura de gratidão do que para uma postura de ingratidão. No entanto, trago aqui uma nova perspectiva que pode explicar por que a vida de tantas pessoas parece andar a passos de tartaruga, ou com cinco passos para a frente e seis passos para trás nos quesitos financeiro e profissional.

Se entendemos que uma pessoa que **comunica** gratidão, que **pensa** de forma grata e ainda se **sente** verdadeiramente grata pela vida que tem, se torna de fato próspera e rica, então, é realmente fácil explicar seu estado atual financeiro mediante o nível de gratidão.

Os psicólogos David Snowdon, Wallace Friesen e Deborah Danner fizeram uma correlação dos sentimentos relatados nas autobiografias de 180 freiras com a longevidade de cada uma delas. Embora essas autobiografias tenham sido escritas quando elas tinham 22 anos, foram feitas várias descobertas surpreendentes. Por exemplo, descobriu-se que quanto mais emoções positivas retratadas em suas autobiografias, maior era a tendência de ainda estarem vivas 60 anos depois.

E mais ainda, as freiras que usaram mais palavras que traziam emoções positivas, mostrando gratidão em suas autobiografias, tinham o dobro de chances de estarem vivas em comparação às freiras que menos usaram palavras positivas e de gratidão.

Da mesma forma, quando quero entender a vida financeira de uma pessoa, peço que ela escreva sobre seu passado, presente e futuro financeiro. De acordo com o teor emocional da gratidão e da autorresponsabilidade[11], faço uma linha do tempo e não apenas consigo explicar seu passado financeiro, mas também posso prever com muita exatidão seu presente, e ainda consigo projetar com bastante assertividade seu futuro com relação às questões financeiras e profissionais. Tudo isso com base na gratidão e na autorresponsabilidade.

Em outras palavras, não existe coincidência, mas uma combinação de fatores racionais e emocionais definidores dos resultados que atingimos. E assim, podemos alterar nossos resultados mudando o nível de nossa gratidão. Não somos reféns de nossos resultados ou de nossa vida, somos o diretor e protagonista.

Então, vamos agora entender os detalhes na maneira de pensar e agir que podem impedi-lo, sem que você perceba, de vencer na vida financeira ou que o levam ao sucesso, porém, você não sabia e, a partir de agora, ciente do poder e da estrutura da gratidão, poderá intensificar e ficar ainda mais rico e próspero.

Começo por explicar que existem três padrões de gratidão; o primeiro deles é **ser grato** em atos, palavras e ações. Abrir a boca consistentemente e dizer obrigado, entendendo que o mundo é melhor porque alguém ou alguma coisa de uma maneira ou outra o beneficiou.

O segundo padrão de gratidão é o **silêncio da omissão**. Chamo esse tipo de pessoas de *não gratas*. Acontece quando alguém é beneficiado e responde apenas com o silêncio. Por exemplo: você está no trânsito tentando passagem já há algum tempo, quando uma pessoa para o carro e lhe dá a tão desejada passagem, mas você simplesmente entra na rua e vai, sem um obrigado ou aceno. Outro exemplo é quando uma mãe espera o filho chegar da faculdade com um saboroso prato de comida. O filho come tudo enquanto fala ao celular com a namorada, depois recebe o abraço da mãe e vai dormir, sem um olhar de gratidão, sem um obrigado, sem um elogio caloroso, como se aquilo fosse obrigação da mãe. Certamente essas pessoas estão longe de ser gratas, mas também não posso dizer que sejam ingratas.

---

[11] Ainda neste capítulo explicarei o conceito de autorresponsabilidade.

Esse tipo de pessoa sabe que foi beneficiada, mas por preguiça ou egoísmo se omite em dizer um sonoro e verdadeiro obrigado. Estão na categoria dos não gratos, daqueles que deixam o silêncio e a omissão "falarem" mais alto.

O terceiro padrão é a **ingratidão**. Um bom exemplo é quando alguém acha uma carteira cheia de dinheiro e documentos, olha para a foto do documento e sai à procura da pessoa de forma incansável. No entanto, quando acha o dono da carteira, ele simplesmente a recebe, confere o dinheiro, vira bruscamente e sai sem dar ao menos um sorriso. E se alguém pergunta se ele não vai dizer ao menos obrigado, responde com rispidez que a pessoa devolveu sua carteira porque quis, era a obrigação dela fazer isso. Por isso ele não deve nada a ela. E finaliza com a frase: "Eu não pedi para ele me devolver a carteira. Devolveu porque quis, então não me encha o saco".

E você, qual é o padrão predominante em você? Gratidão bradada explicitamente, o silêncio da não gratidão ou a ingratidão com todo seu egocentrismo e crueldade? Tenho uma frase que falo sempre no curso de finanças pessoais que diz assim: "Você não é o que diz que é, você não é o que gostaria de ser, muito menos o que dizem que você é. Você é na verdade seus resultados e o seu comportamento mais repetido". Então, não se engane, se você se avalia como uma pessoa verdadeiramente grata, certamente vive uma vida com ótimos sentimentos e bastante prosperidade. Não há meio-termo.

Se em você predominam o sentimento de ingratidão egoica e explícita, certamente tem uma vida emocionalmente pesada, rancorosa e suas finanças são precárias ou estão sempre sob ameaças. Já os não gratos, que são a maior parte da população, têm uma vida de altos e baixos. Contudo, de forma geral, encabeçam pessoas de realizações medianas.

Se você olhar apenas para seus resultados financeiros, em qual categoria de gratidão se encaixa? Fique bem atento, porém, para não errar na sua autoavaliação da gratidão e confundir gratidão com educação. Já vi pessoas muito educadas com um obrigado acompanhado de um sorriso polido no rosto acreditarem ser gratas, quando na verdade são apenas educadas.

Vamos a algumas perguntas para ajudá-lo a avaliar seu nível de gratidão por áreas da vida:

PESSOAL/FAMILIAR

1. Você diz para seus pais ou filhos "muito obrigado" por fazerem parte da sua vida? Quando foi a última vez? Com que frequência você faz isso?
   _____
   _____
   _____

2. Quando foi a última vez que você agradeceu ao seu pai e à sua mãe por terem colocado você no mundo, independentemente do que eles fizeram de certo ou errado na sua vida?
   _____
   _____
   _____

3. Com que frequência você diz "muito obrigado" para seu cônjuge por tudo o que passaram juntos?
   _____
   _____
   _____

4. Quando você era jovem e sua mãe o esperava com um prato de comida ou uma palavra amiga, você agradecia? Com que intensidade?
   _____
   _____
   _____

5. Quantas vezes você agradeceu todo o suporte financeiro dado pelo seus pais ao longo de sua vida, como casa, comida, educação etc.?
   _____
   _____
   _____

6. Quando foi que você agradeceu tudo o que aprendeu com seus pais e/ou irmãos, mesmo que tenha aprendido à base de dor?
___
___
___

7. Alguma vez você agradeceu tudo o que aprendeu com seus pais a respeito do que não fazer?
___
___
___

8. Como seria sua vida sem seus filhos? Com que frequência você agradece a Deus pela vida de seus filhos?
___
___
___

9. Independentemente de como anda seu casamento, como seria sua vida se não tivesse seu cônjuge ou parceiro ao seu lado? Você é grato por isso?
___
___
___

10. Você tem sido impaciente com seu pai, mãe, cônjuge ou outro ente querido? Isso reflete ingratidão e descontrole emocional?
___
___
___

FINANÇAS/PROFISSÃO

1. Você tem consumido alimentos suficientes para manter sua saúde? Se sim, qual foi a última vez que você fez uma ação de gratidão em relação a isso?

   _____
   _____
   _____

2. Independentemente da sua situação financeira atual, você agradeceu a Deus por não estar muito pior? Certamente você já viu pessoas sem teto, sem comida e sem saúde.

   _____
   _____
   _____

3. Você tem comunicado gratidão por estar vivo e ainda ter chances de crescimento financeiro e profissional? Existem pessoas gratas porque médicos lhe deram mais seis meses de vida e outras com toda a vida pela frente que maldizem e pedem a morte.

   _____
   _____
   _____

4. Qual foi a última vez que você agradeceu ao seu chefe pela oportunidade de trabalhar onde trabalha hoje? Afinal, foi nessa empresa que você foi aceito.

   _____
   _____
   _____

5. Independentemente do valor, quanto você se sente grato pelo seu salário ou pró-labore? Afinal é com ele que você paga as suas contas.

   _____
   _____
   _____

6. Quem foram as pessoas que mais o ajudaram em sua vida financeira e profissional? Você já comunicou gratidão intensa a elas? Como, quando e quantas vezes?

_____

_____

Agora que você respondeu a essas perguntas, peço que volte à página 99, avalie-se na mesma tabela em que avaliou o caseiro e o presidente da indústria. Então, confira se de fato você é grato. Lembre-se de que quem de fato comunica, pensa e se sente grato traz consigo os resultados das pessoas gratas, que invariavelmente é a abundância no sentido mais amplo da palavra.

Já que a gratidão é a mãe de todas as virtudes e o exercício dela é capaz de transformar um estado triste, fracassado e doente em um estado feliz, vitorioso e saudável, o que o impede de ser verdadeiramente grato? Marque a seguir quais sentimentos ou estados mentais impedem ou limitam sua gratidão.

O QUE O IMPEDE DE SER INTENSAMENTE GRATO?

1. Sentimento de inferioridade ou de forte vitimização;
2. Trazer mágoas e falta de perdão;
3. Ter inveja ou ressentimento por não ter algo;
4. Dificuldade de mostrar sentimentos e afeto;
5. Arrogância e se achar melhor que os outros.

> *"De todos os crimes que a criatura humana é capaz de cometer, o mais horrível e antinatural é a ingratidão."*
>
> David Hume

GRATIDÃO ATÉ PELAS DORES E PERDAS

Falar de gratidão ao passar por dores extremas é sempre complicado. No entanto, mais uma vez é o que distingue uma vítima sofredora do aprendiz feliz. Onde colocamos nosso foco, na dor e no passado, ou no futuro e nas novas possibilidades?

Enquanto escrevo este livro, conduzo um processo de coaching com uma mulher que perdeu o filho de forma trágica. Chegamos a um ponto em que ela percebeu ou decidiu ser grata pelo tempo que teve com o filho. Ela percebeu que, enquanto ele viveu, ela amou e foi amada. Percebeu como foram benéficos todos aqueles momentos. E em poucos minutos, ainda na primeira sessão, não estava mais chorando de tristeza, e sim de gratidão por ter tido a oportunidade e o privilégio de ser a mãe de alguém tão especial, seu filho.

Outra cliente que havia contraído câncer me abordou durante um de meus cursos chorando intensamente para agradecer. Agradecer porque agora ela via como foram necessárias a doença e todas as dores por quais passou durante a quimio e a radioterapia. Afinal, foi em toda a adversidade que ela se tornou um ser humano muito melhor e uma pessoa muito mais feliz também.

Agora, falando de mim, hoje sou imensamente grato pelos 13 anos de problemas financeiros e de muita dor pelos quais passei. Pois foi nesse longo deserto que meu caráter foi aprimorado. Foram nesses longos 13 anos que me tornei uma pessoa forte, aguerrida e obstinada. Então, como não ser extremamente grato pelo deserto e pela dor, porém também de cura e transformação que passei?

Eu o convido a dar sequência à sua conquista da gratidão. E para isso peço sua diligência e determinação para não parar seus exercícios no meio. Aproveito para me apropriar da frase de uma senhora muito sábia chamada Nilza Munguba, que dizia: "Quem para no meio do caminho não chega a lugar nenhum".

Escreva 40 motivos de gratidão nas linhas a seguir começando por relacionar os motivos de gratidão que causaram dor, porém depois mostraram ganhos e conquistas. Antes de cada motivo de gratidão escreva: Eu sou grato por... Confira no exemplo abaixo.

1. Eu sou grato pelos meus filhos.
2. Eu sou grato pelo ar que respiro.
3. Eu sou grato pelo amor de minha(meu) esposa(o).
4. _____
5. _____

6. _____
7. _____
8. _____
9. _____
10. _____
11. _____
12. _____
13. _____
14. _____
15. _____
16. _____
17. _____
18. _____
19. _____
20. _____
21. _____
22. _____
23. _____
24. _____
25. _____
26. _____
27. _____
28. _____
29. _____
30. _____
31. _____
32. _____
33. _____
34. _____
35. _____
36. _____
37. _____
38. _____

39. _____
40. _____

"A ingratidão é a essência da vilania."

Immanuel Kant

Tenho certeza de que agora você olha para si e para o mundo de uma maneira diferente. E tenho certeza também de que sua maneira de se comunicar, pensar e sentir nunca mais será a mesma. Enquanto você não perder a perspectiva da gratidão, seus resultados serão maiores e melhores. No livro *The Psychology of Gratitude* (2004), Emmons e McCullough mostram que, além de todos os outros benefícios produzidos por uma vida grata, é possível também alcançar o ápice da performance humana e ainda um nível extraordinário de felicidade. Assim, posso dizer com convicção que, ao comunicar gratidão, você estará mais perto de sua vida de abundância do que imagina. Eu termino este tópico com um texto extraído de publicações de Emmons, pesquisador da Universidade da Califórnia, que diz:

> *Nossa pesquisa mostrou que pessoas que praticam a gratidão possuem emoções mais positivas: alegria, entusiasmo, amor, felicidade e otimismo e que tal prática protege de sentimentos negativos: inveja, ressentimentos, ganância e depressão. O indivíduo grato é capaz de lidar com mais eficácia com o estresse diário, sendo mais resiliente aos traumas, e se recupera mais rápido de doenças físicas. E é capaz de se relacionar 2 a 4 vezes melhor com o próximo.*

É surpreendente imaginar que o que as pessoas mais buscam está tão facilmente disponível a qualquer um, e tudo o que é necessário é uma comunicação intensa de gratidão.

Está nas suas mãos dar esse passo de construção emocional e avançar na direção dos grandes resultados. Então, boa sorte na subida da montanha da riqueza e mantenha seu foco no que de fato é importante.

CONDUTA # 4 — AUTORRESPONSABILIDADE

Dos 17 aos 30 anos, minha vida foi de muitos baixos a outros momentos mais baixos ainda. E foi justamente o que anos depois chamei de autorresponsabilidade que serviu de mola propulsora para todas as mudanças que tive e ainda tenho.

Autorresponsabilidade é a chave para qualquer mudança humana benéfica e propositada. Depois de ministrar mais de 10.500 horas de sessões individuais de coaching, ficou muito claro para mim que o sucesso e a realização estavam diretamente ligados à capacidade humana de ser autorresponsável. Ou seja, quando o indivíduo agia, pensava e se comportava com autorresponsabilidade chegava a grandes resultados. E de forma inversamente proporcional, quando a pessoa agia sem autorresponsabilidade obtinha resultados pífios, frustração e infelicidade.

Você deve estar se perguntando o que, afinal, é **autorresponsabilidade**. Autorresponsabilidade é a crença, certeza, filosofia de vida, conduta moral de reconhecer que está tudo certo e que cada um tem a vida que merece, ciente de que não há coincidência, mas um processo sistemático de plantação e colheita. Ou seja, que estamos agora colhendo o que, de alguma forma, plantamos ontem ou em um passado distante. Contudo, seja como for, estamos colhendo.

Sua vida financeira está tremenda? Parabéns, você está colhendo o que plantou. Sua vida financeira está péssima? Parabéns, da mesma forma você está colhendo o que plantou. O que se vê de forma generalizada entre as pessoas malsucedidas financeiramente é que elas sempre buscam alguém ou algum acontecimento para justificar, explicar ou encobrir seus resultados negativos. Afinal, é muito menos doloroso dizer que o insucesso financeiro é decorrente da injusta carga tributária no Brasil, por exemplo. Ou que o negócio quebrou porque o sócio lhe roubou.

É também muito confortável dizer que aos 40 anos não possui nem mesmo uma casa própria porque os bancos só emprestam dinheiro para quem já tem. Se todas essa justificativas são verdadeiras, então me explique como outras empresas no ramo e sob a mesma carga tributária prosperam até na crise. Explique por que você entregou as finanças de seu negócio para o seu sócio sem conferir ou controlar nada como se ele não tivesse um sócio. Explique por que tantas pessoas mais novas que você e sem ajuda de ninguém e ainda por cima vindas de famílias pobres já possuem casa e patrimônio.

Já as pessoas bem-sucedidas acreditam que são as únicas pessoas responsáveis pelos seus resultados. Se não conquistaram aquela promoção financeira é porque não fizeram o que deviam. Pessoas realizadoras não culpam o sócio pela incompetência ou desvio. Elas dizem que deviam ter maior controle ou escolhido melhor o sócio. As pessoas permanentemente ricas não reclamam da falta de oportunidade, simplesmente garimpam, buscam ou criam as oportunidades que querem. A última coisa que elas fazem é esperar uma oportunidade ou criticar a falta dela.

Pessoas autorresponsáveis sabem que de uma maneira ou de outra estão criando a própria vida de forma crescente e sustentável.

Criamos nossa vida como ela é com base no que comunicamos em atos, palavras e ações, no que pensamos e no que sentimos. Nos treinamentos Coaching for Money® e Fator de Enriquecimento® eu me detenho bastante nesse tema e mostro aos alunos que esses três pontos — comunicar, pensar e sentir — são na verdade a cadeia neural produtora de nossas crenças e resultados. Assim, interferindo em qualquer um dos três quadrantes, interferimos em quem somos e iremos ser. Então, se você entendeu que sua vida é fruto de suas crenças e que suas crenças são fruto dessa trilogia neural, que tal se tornar completamente responsável por ela?

Como tenho ensinado mundo afora, existem duas maneiras muito simples de identificar se você é ou não autorresponsável. A primeira é apenas observar seus resultados naquela área. Se você tem ótimos resultados e eles são constantes, bingo! Você é autorresponsável nessa área. A segunda maneira é observar sua fala e sua linguagem.

Vamos às seis leis (linguísticas) da autorresponsabilidade:

1ª   Se for criticar alguém .... Cale-se.
2ª   Se for reclamar das circunstâncias .... Dê sugestão.
3ª   Se for buscar culpados .... Busque solução.
4ª   Se for se fazer de vítima .... Faça-se de vencedor.

5ª   Se for justificar seus erros ....Aprenda com eles.
6ª   Se for julgar alguém ....,..................Julgue suas atitudes.

A prática diária e consistente dessas seis leis no seu estilo de vida produzirá tantas mudanças, que quem estiver ao seu lado provavelmente perguntará quem é você. Serão mudanças imediatas na sua conexão consigo como também na conexão com os outros. Ser autorresponsável é se tornar um aprendiz humilde e vitorioso. Não ser autorresponsável é o mesmo que ser uma vítima sofredora.

CONDUTA # 5 – CONTÁGIO SOCIAL

Nicholas Christakis, professor de Harvard, e James Fowler, professor associado da Universidade da Califórnia, em San Diego, renomados cientistas, publicaram o livro *O poder das conexões* (2009), que traz à tona a afirmação de nossos pais e avós que dizia: "me diga com quem tu andas e direi quem tu és". Se esse bordão passado de geração em geração for verdade, estamos ficando mais ricos ou mais pobres de acordo com as pessoas com quem estamos conectados.

Os seres humanos estão constantemente criando e recriando suas redes de relacionamento ou redes sociais. Isso se dá pela homofilia, que é a tendência consciente ou inconsciente de se associar a pessoas que pareçam conosco (homofilia significa literalmente "amar um igual"). Não importa se é um grupo de torcedores de um time, apreciadores de vinhos raros, halterofilistas, viciados em droga, apreciadores de café, pessoas com o mesmo sotaque, empresários bem-sucedidos ou com o mesmo padrão financeiro, o fato é que buscamos quem compartilha similaridades conosco, sejam interesses, histórias de vida, sonhos, valores, sejam características psicossociais.

Esse mecanismo instintivo acontece para que a sociedade se perpetue e cresça em direções específicas. À medida que pessoas parecidas se agrupam pela similaridade, criam grupos harmônicos que se apoiam e assim tendem a enfrentar os desafios juntas e por isso se tornam capazes de sobreviver e crescer enquanto grupo social.

No entanto, se pessoas sem similaridades se agrupassem, o resultado disso seria desarmonia e conflitos constantes, e assim esse grupo social não sobreviveria, levando em conta que seu maior inimigo seria os próprios membros do grupo.

Então, levando em conta a homofilia, estamos a todo instante nos conectando com pessoas parecidas e nos afastando de pessoas diferentes. Você deve estar se perguntando: o que isso tem a ver comigo e meu objetivo de construir riqueza? Antes de responder a essa pergunta, precisamos entender que o ser humano é composto por muitos aspectos diferentes combinados e a homofilia se dá no todo, assim estamos nos conectando a pessoas que possuam alguns aspectos importantes semelhantes a nós e outros aspectos diferentes.

Christakis e Fowler provaram que quando entramos em um desses grupos sociais passamos a nos adequar a ele, ou melhor, vamos nos misturando e nos tornando iguais a ele, assim o contágio social torna as pessoas que participam de uma mesma rede social cada vez mais parecidas em hábitos, comportamentos, valores, crenças e até nos resultados obtidos na vida.

Então, se você quer de fato prosperar financeiramente, precisará administrar seu contágio social. Afinal, as pessoas que o cercam podem estar fazendo você se tornar mais rico, mais pobre ou, o que é mais comum, acorrentando-o no mesmo padrão financeiro de sempre e impedindo que seus sonhos financeiros aconteçam.

TRÊS REGRAS DO CONTÁGIO SOCIAL

1ª NÓS NOS TORNAMOS IGUAIS À NOSSA REDE SOCIAL E NOSSA REDE TORNA-SE IGUAL A NÓS

Está na hora de você fazer um giro de 360° e olhar atentamente todos os grupos sociais de que participa para mapear e compreender suas redes sociais. Talvez sua primeira rede social seja seu lar, composta de cônjuge, filhos e funcionária do lar, ou quem mora com você.

A segunda rede social que o influencia pode ser formada por seus amigos da faculdade ou do trabalho que convivem diariamente com você. Você ainda pode estar sendo influenciado pela rede dos amigos que se formaram juntos, da turma da academia, dos amigos da igreja etc.

O fato é: você está se tornando parecido com suas redes. Se elas são felizes e alegres, logo você estará dando sinais de mais alegria e felicidade. Se sua rede é composta por pessoas mais gordas que você, logo você estará mais gordo. Se sua rede é composta por pessoas cheias de fé e intimidade com Deus, logo você se verá fervoroso e cheio de fé. Da mesma forma, se suas redes são bem-sucedidas financeiramente, logo você se verá crescendo e prosperando nesse aspecto.

Então, ficam as perguntas: suas redes sociais são prósperas no tocante a dinheiro? Possuem patrimônio? Possuem uma renda elevada? Possuem investimentos? Ou são apenas pessoas com baixa autoestima rasgando dinheiro para se autoafirmar?

Levando em conta que chegamos a participar de seis redes sociais (grupos sociais diferentes) e que todas elas nos influenciam preencha nas linhas a seguir quais são as redes sociais que você integra e dê uma nota de 5 a –5. As notas positivas referem-se aos grupos mais bem-sucedidos financeiramente do que você. Quanto mais bem-sucedido do que você, mais perto de 5 será a nota. A nota 0 refere-se àquele grupo que possui o mesmo patamar financeiro que você. Ou seja, não há influência. E as notas negativas referem-se aos grupos com o padrão financeiro menor que o seu. E quanto menor o padrão financeiro, mais perto de –5 será a nota.

EXEMPLO

REDE SOCIAL	PADRÃO FINANCEIRO MÉDIO
AMIGOS DESDE A JUVENTUDE	–3
AMIGOS DA FACULDADE	–1
AMIGOS DA IGREJA	–2
PAIS E IRMÃOS	–2
CLUBE DE TIRO	2
TOTAL DE INFLUÊNCIA FINANCEIRA DAS REDES	–6

Seguindo o exemplo anterior, somamos o nível de influência das redes e percebemos que, nesse caso, a pessoa está sendo empobrecida pelas suas redes de forma avassaladora. A tendência é de que em muito pouco tempo experimente o mesmo padrão financeiro de suas redes sociais. E quanto mais engajado com uma rede social, quanto mais conectado em tempo e em sentimentos, mais poderosa será a influência dessa rede em sua vida. Realmente é alarmante, e, se ficar bem atento, isso poderá explicar muitas coisas que vêm acontecendo em sua vida financeira.

Olhando para o exemplo, avalie qual rede social está contribuindo com sua performance financeira. Qual rede social o está impedindo de crescer nesse aspecto? Para ter mais clareza sobre os efeitos de suas redes sociais, monte agora na tabela a seguir a realidade de suas redes sociais e, como no exemplo anterior, dê a nota do patamar financeiro para cada rede.

REDE SOCIAL	PADRÃO FINANCEIRO MÉDIO
1º	
2º	
3º	
4º	
5º	
TOTAL DE INFLUÊNCIA FINANCEIRA DAS REDES	

Olhando para sua rede de contágio social e tendo a soma do padrão financeiro médio, você é capaz de analisar se suas redes o estão enriquecendo ou empobrecendo. Se suas redes o deixam mais próspero a cada dia, ótimo. No entanto, a questão está no que fazer se a nota deles é igual à sua ou menor que a sua. Nesses casos, o que você deve fazer é simples, mas nem sempre confortável:

1. Inserir-se em novas redes mais prósperas e enfrentar as diferenças até que elas acabem;
2. Sair daquela rede que, além de não o fazer feliz, o empobrece, e se afastar das pessoas com quem estava acostumado a conviver, porém o influenciam negativamente;

3. Trazer pessoas prósperas a suas redes, mas oferecendo algo positivo em troca para que essas pessoas fortes no aspecto financeiro aceitem estar lá.

O contrário também é verdade, nossa rede também se torna parecida conosco. Quanto mais profunda e sólida sua relação com os membros da rede, maior sua influência no grupo. Dessa maneira, ou você está levantando e erguendo financeiramente sua rede ou ela está erguendo você. A tendência das redes sociais sempre será tornar todos iguais em todos os aspectos ao longo do tempo.

2ª NOSSOS AMIGOS NOS AFETAM E NÓS OS AFETAMOS

Se as redes sociais nos influenciam nos tornando cada vez mais parecidos com ela, imagine o amigo mais próximo ou aquela pessoa que passa muito tempo com você. Pesquisas mostram que quando um companheiro de quarto é muito estudioso, o outro rapidamente muda seus hábitos e passa a estudar mais. Quando alguém passa a sentar à mesa com alguém que come muito, passa a comer mais também.

Como sabemos, o contágio social funciona nas duas mãos, de forma que o guloso vai comer menos e o estudioso vai dar uma pequena relaxada nos estudos. Olhando para a vida financeira de seus amigos mais próximos e de mais contato, você está contribuindo com o sucesso financeiro deles e se prejudicando, ou, por serem mais bem-sucedidos que você, eles o estão promovendo financeiramente e, consequentemente, se tornando mais pobres?

Ficam as perguntas: Quem são as pessoas mais próximas a mim dentro de cada rede? A influência deles na minha vida financeira é positiva? De quem devo me aproximar mais? De quem devo me afastar parcial ou completamente em cada um de meus grupos sociais? Se você já sabe o que fazer, comece agora. Se não sabe ou não está certo, observe o exemplo a seguir.

Como no exercício anterior, neste exemplo avaliamos a influência dos membros mais chegados ou que passam mais tempo com você. E usamos a mesma lógica de pontuação da qualidade da influência financeira. Quanto mais perto de 5, mais positiva é a influência. Quanto mais perto de –5, mais negativa. E, quando for zero, indica que essa pessoa vive o mesmo padrão financeiro que você.

EXEMPLO

PESSOA MAIS CONECTADA A VOCÊ DE CADA REDE	PADRÃO FINANCEIRO MÉDIO
1º CARLOS (MELHOR AMIGO DESDE A INFÂNCIA)	2
2º CARLA (ENTROU JUNTO NA FACULDADE)	-1
3º JÚLIO (QUE O LEVOU À IGREJA)	-2
4º IRMÃO (MAIS VELHO)	1
5º VALDIR (PARCEIRO NO TIME DE TIRO)	4
TOTAL DE INFLUÊNCIA FINANCEIRA DAS REDES	4

No exercício anterior avaliamos a intensidade e a qualidade da influência das redes em que você está inserido. Agora, no exercício a seguir, você vai avaliar os contágios das pessoas diretamente ligadas a você.

Observação: Se você está fortemente conectado a alguém que não faz parte de nenhuma das redes em que está inserido ou faz parte, vale a pena colocá-lo na avaliação.

PESSOA MAIS CONECTADA A VOCÊ DE CADA REDE	PADRÃO FINANCEIRO MÉDIO
1º	
2º	
3º	
4º	
5º	
TOTAL DE INFLUÊNCIA FINANCEIRA DAS REDES	

3ª O AMIGO DO AMIGO DO MEU AMIGO ME INFLUENCIA

Chegamos agora a uma encruzilhada, e o pior é que chegamos a ela de olhos vendados. Podemos escolher em que grupo social estaremos apenas por pura observação e discernir se queremos aquele tipo de contágio e influência ou não. No entanto, também posso escolher me aproximar do fulano que agrega valores à minha vida ou me afastar de beltrano que suga minhas energias e me ensina a ser uma pessoa pior naquilo que justamente mais sofro.

Mais uma vez, essas escolhas são feitas apenas por observação dos resultados e dos comportamentos das pessoas e das redes sociais de que participamos. Quem é forte emocionalmente e sabe o poder do contágio emocional é capaz de agir na direção certa. Contudo, a ciência nos revela também que, além da influência das redes como um todo e das pessoas diretamente conectadas a nós, somos também profundamente influenciados pelo amigo do amigo do meu amigo.

Em outras palavras, até o terceiro grau de contato produz influência sobre a minha vida. Até amigos dos meus amigos me influenciam. Se for difícil compreender a extensão do contágio social, observe a figura abaixo.

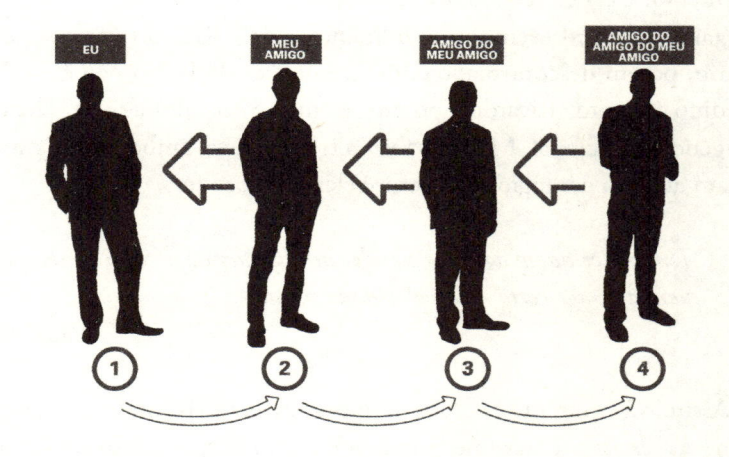

Isso quer dizer que até pessoas que não pertencem ao seu grupo social e que você não conhece nem nunca viu, porém são amigos dos seus amigos, vão influenciar seus resultados financeiros. Então, mais uma vez, ter amigos e parceiros bem-sucedidos e participar de redes sociais vitoriosas financeiramente vai fazer toda a diferença na sua vida. Será como um antídoto às influências dos amigos ocultos de seus amigos.

SOMOS MAIS QUE SUCESSOS FINANCEIROS

Devemos nos lembrar de que estamos emitindo a nossa influência de tudo que somos e de tudo o que fazemos, como também estamos recebendo a influência de todas as áreas da vida das pessoas e redes a que estamos conectados. Por isso você precisa ter sabedoria e discernimento para escolher suas redes e pessoas não apenas pelo dinheiro ou sucesso financeiro que possuem, mas também pelos outros estímulos que o afetarão. Afinal, todos nós nos influenciamos em todas as 11 áreas da vida.

Por exemplo: Pense numa relação com uma pessoa em que você é positivo na influência financeira e ela negativa, ou seja, você possui mais dinheiro que ela. No entanto, essa pessoa é uma jogadora de tênis bem melhor que você. Assim a troca fica justa. Você se torna um jogador de tênis melhor e ela cresce financeiramente.

Vamos a outro exemplo de influência justa. Ricardo é um superempresário, porém descontrolado com as emoções. Já Pedro não é tão bem-sucedido quanto Ricardo, porém é muito equilibrado e cheio de inteligência emocional. Mais uma vez a troca é justa, ambos doam e ambos ganham algo no contágio social entre eles. Lembre-se:

> *"Tem poder quem age, mais poder ainda quem age certo e superpoderes quem age, age certo e na velocidade certa."*
>
> Paulo Vieira

Assim, vá em frente e coloque em prática as cinco condutas da riqueza e comece a experimentar imediatamente as mudanças que só os que agem podem vivenciar.

Com base na leitura feita até aqui, escreva no quadro a seguir quais decisões você toma.

QUADRO DE DECISÕES
_____
_____
_____
_____
_____
_____

CAPÍTULO 5

O EXERCÍCIO DO ENRIQUECIMENTO

"Somos o que fazemos repetidamente. Portanto, excelência não é um ato, mas um hábito."

Aristóteles

Da mesma maneira que um corredor treina as pernas com os exercícios certos, que um fisiculturista trabalha deliberadamente para ganhar músculos peitorais mais exuberantes e que um cantor exercita a perfeição do seu vibrato, podemos também fortalecer nossos músculos emocionais do sucesso financeiro. Podemos e devemos exercitar os comportamentos financeiros certos que nos fornecerão novos hábitos e com eles novas crenças: de **SER** rico, de **FAZER** muito mais dinheiro e de **MERECER** riquezas sem medida.

A ciência da mente humana nos mostra que podemos interferir na pirâmide do indivíduo e reprogramar as três crenças financeiras mais importantes: **identidade, capacidade** e **merecimento** financeiro. Essa intervenção pode ser feita de duas maneiras: com exercícios emocionais profundos, como faremos nos próximos capítulos, e por meio de uma mudança cognitiva comportamental. Ou seja, através de um modelo de comportamento repetido de tal maneira que se transforme em um hábito e, pela repetição desse novo hábito, sejam produzidas novas crenças financeiras.

Estudando o histórico de pessoas que prosperaram e não conseguiram manter a prosperidade e de outras que se mantiveram ricas depois de receberem heranças e aquelas que perderam toda a herança recebida, pude identificar uma combinação de seis comportamentos fundamentais de enriquecimento. Para produzir uma vida verdadeiramente próspera, eles precisam ser vivenciados na sequência e na proporção certas.

Veja a seguir a sequência dos comportamentos que, ao ser exercitados repetidamente como um novo estilo de vida financeira, produzirão mudanças extraordinárias e imediatas em sua vida financeira.

1º Pagar-se primeiro;
2º Doar;
3º Pagar todas as contas;
4º Investir em ser rico;
5º Poupar para os sonhos;
6º Abundar: gastar ou investir ou doar.

Se você já participou do Método CIS®, o maior curso de inteligência emocional da América Latina, sabe que todo comportamento é, na verdade, uma comunicação. E sabe que toda comunicação é uma maneira consciente ou inconsciente de programar ou reprogramar suas crenças. Assim, uma comunicação pobre produz resultados de pobreza e quem pertence à classe média está nessa situação porque aprendeu uma maneira mediana de se comunicar sobre riqueza. Já quem é rico não é por acaso, mas porque possui uma comunicação e um comportamento indutores de riqueza.

Você aprenderá agora uma maneira infalível de se comunicar e produzir uma mentalidade e um contexto real de riqueza.

O primeiro passo é **pagar-se primeiro** e nunca mais dizer que não viu a cor do dinheiro. O segundo passo é **doar**, afinal só doa quem tem algo para dar. O terceiro é **pagar todas as contas** pontualmente e com toda a dignidade. O quarto passo é deixar de ser tomador para **se tornar investidor**. O quinto passo é ser merecedor e **poupar para realizar seus sonhos**.

No último passo, depois de todos os anteriores, ainda é preciso ter sobras financeiras e decidir com toda a liberdade o que fazer com o saldo de suas receitas e **abundar** na própria vida ou na vida de outras pessoas. Para que você entenda a fundo esses exercícios ou comportamentos enriquecedores, vou detalhar cada um deles a seguir.

PRIMEIRO PASSO: PAGAR-SE PRIMEIRO

É o exercício do merecimento, em que você deixa de ser coadjuvante e se coloca em primeiro lugar na própria vida. É como gritar ao mundo e a você próprio: "Eu mereço ter dinheiro". Para a maioria das pessoas é um grande desafio receber o pró-labore ou salário e retirar uma parte para si já no início. O normal dos funcionários e empreendedores com mentalidade financeira pobre é pagar primeiro todas as contas e obrigações. (Na maioria dos casos ainda dizem: "Pagando as contas eu já estou satisfeito".)

O que essas pessoas estão dizendo com esse comportamento é que, primeiro, vêm os outros e depois, se sobrar algum dinheiro, elas e suas necessidades. Com a repetição desse terrível comportamento de pagar primeiro os outros, essas pessoas reforçam para si, mês a mês, que não são merecedoras do melhor, muito menos de ter dinheiro ou ser rico. Com um comportamento repetido com tanta disciplina, é certo que suas crenças financeiras serão as mesmas: não mereço ter dinheiro.

Quantas pessoas você já ouviu dizer que dinheiro na mão é vendaval, ou que não viu nem a cor do dinheiro? Se você realmente quiser ter sucesso financeiro terá de aderir a um novo comportamento, por mais estranho que pareça. O comportamento é se pagar antes de qualquer outra coisa ao receber seu salário ou pró-labore.

Em primeiro lugar, defina os percentuais desses novos comportamentos. Para quem está iniciando esse novo padrão de comportamentos enriquecedores, aconselho que o percentual inicial seja de 5% para se pagar primeiro.

Assim que receber seu salário ou pró-labore, separe 5% do montante e leve para casa em dinheiro vivo. Se quiser troque em dólar ou euro, o importante é que você passe a ter intimidade com o dinheiro em si. A maioria de nós não aprendeu a se relacionar com o dinheiro, e tê-lo é algo estranho e incomum. Será que desde cedo você tinha uma mesada e com ela você aprendeu a poupar, a gastar ou realizar seus sonhos de criança ao mesmo tempo?

Para a maioria de nós, lidar com dinheiro é uma completa novidade. Uns o seguem como um deus, outros o desejam como uma loteria e outros ainda o desprezam como o vil metal. O que essas pessoas têm em comum? Uma relação disfuncional com o dinheiro.

Ao se pagar primeiro e em espécie, você aprenderá a manusear dinheiro, guardá-lo e tê-lo perto de você de forma real e tangível. O dinheiro não deve ser um completo estranho, pois, se assim for, ou você dará mais atenção e valor do que ele merece ou vai temê-lo como se teme alguém desconhecido. Pessoas que não possuem intimidade com dinheiro repetem constantemente os mesmos comportamentos sabotadores quando estão de posse dele. Gastam imediatamente, perdem, doam tudo, fazem maus negócios ou deixam-se ser roubadas.

Você deve estar se perguntando: "Como me pagar primeiro se não sobra nem mesmo para pagar as contas?". Para executar esse comportamento financeiro de pessoas ricas, são necessários muita determinação e muito planejamento. Determinação para fazer aquilo a que não está habituado e planejamento para fazer na proporção certa e real. Se você não consegue pagar todas as suas contas em dia, o primeiro passo é montar o seu orçamento familiar[12] e reduzir drasticamente seus gastos.

Adequação do orçamento familiar é o início de tudo. Não importa o que seja, gastos com roupa, cervejinha, cigarro, almoço fora de casa, baladas. O ideal é que você elimine o máximo possível no início. Se tiver de ser radical, seja. Se tiver de vender seu carro e comprar outro mais barato e com uma taxa de juros menor, faça isso. Lembre-se de que o custo de um carro não é apenas a prestação. Quanto mais caro e luxuoso for o carro, mais caros serão: o IPVA, o seguro, as revisões, o consumo de combustível, as manutenções e maior será a perda financeira ao trocá-lo.

---

[12] Faça o download da Planilha de Orçamento Familiar no site www.febra.me/fe-ferramentas.

Então, vamos supor que você reduziu seus gastos e com isso a primeira coisa que faz após receber seu salário é se pagar primeiro. Vamos imaginar que seu pró-labore é de 10 mil reais e, dessa forma, o comportamento de se pagar primeiro corresponde a 500 reais. E você já sabe o que vai fazer com esse dinheiro. Vai guardar em espécie, dinheiro vivo, em casa.

É óbvio que você não vai juntar esse dinheiro indefinidamente. Depois de 4 a 6 meses acumulando na sua gaveta em casa, você vai pegar quase todo o dinheiro acumulado, deixando apenas 10% do valor do seu salário ou pró-labore. Tendo como exemplo o salário ou pró-labore de 10 mil reais, 6 meses depois de se pagar primeiro com 5%, você teria 3 mil reais na gaveta. Dessa forma você deixa mil reais e o restante você vai agregar a uma das outras contas. Porém, esse comportamento se manterá até você acumular seu primeiro milhão em espécie. Isso mesmo, esse primeiro milhão vai acontecer antes do que você imagina, se cumprir os seis comportamentos.

O importante é que você venceu a primeira etapa e agora você paga a si mesmo.

Pagar-se primeiro produz crenças de que:

1º   Mereço ter dinheiro;
2º   Não sou escravo do dinheiro, afinal eu o possuo;
3º   Tenho intimidade com o dinheiro e a presença dele na minha vida não me assusta.

SEGUNDO PASSO: DOAR

Doar é um comportamento de enriquecimento muitíssimo importante. Talvez o mais importante dos seis comportamentos que o levarão de uma mentalidade de escassez para uma mentalidade abundante. O fato é que pessoas verdadeiramente ricas são abundantes e fartas. Elas têm sobras em sua vida financeira. São pessoas que transbordam seus recursos financeiros com sabedoria no lugar certo. Afinal, como alguém pode ser de fato rico se só tem para si mesmo sem nada para dar, doar ou contribuir para um mundo melhor?

Pessoas escassas acreditam que para elas terem, outra pessoa não pode ter. Já uma pessoa abundante sabe que ela e outras pessoas podem ter. A mentalidade da escassez é uma máxima do capitalismo da época da Revolução Industrial e do comunismo marxista. É a forma escassa de pensar e viver. Essa mentalidade poderia ser verdade nos idos de 1700 ou 1800, porém hoje, na era da tecnologia digital, em que zilhões de *megabytes* de informação estão disponíveis na internet gratuitamente, vemos pessoas que ontem eram pobres mas hoje são ricas.

O mundo atual é repleto de possibilidades e acesso irrestrito à informação. Mais adiante, cito o caso de um garimpeiro falido e quebrado que se tornou rico e próspero, a partir de um curso superior feito a distância.

O que precisamos para prosperar é de uma mentalidade de abundância, quanto mais pessoas prósperas, mais pessoas compram e consomem, mais empresas produzem riqueza, mais empregos e mais dinheiro para circular e ser distribuído e também mais pessoas prontas para doar.

Pesquisas ao redor do mundo mostram que quem doa 10% de seus rendimentos não passa por problemas financeiros. Então, faço o mesmo questionamento de Bodo Schäfer, no seu livro *O caminho para a liberdade financeira* (2015), em que ele se pergunta por que justamente as pessoas que doam 10% de seus ganhos prosperam mais financeiramente do que aqueles que ficam com os 100%. A explicação é simples. É um exercício dos músculos e crenças financeiras.

Quando exercitamos a doação como estilo de vida financeiro, algumas crenças são instaladas:

1º Sou abundante;
2º Sou capaz de ganhar mais;
3º Existe mais que o suficiente para todos;
4º Sou generoso e grato;
5º O mundo é um lugar bom de se viver;
6º Sou importante para pessoas e para um mundo melhor;
7º Sou merecedor de ter mais, afinal contribuo e ajudo quem precisa;
8º Agrado a Deus, pois ajudo o desvalido e necessitado.

O comportamento sistemático de doar interfere positivamente nas três crenças formadoras do indivíduo. Primeiro, no **SER** verdadeiramente rico, pois para ser rico é necessário ter mais que o suficiente para si e assim poder transbordar com sabedoria e eficiência fazendo um mundo melhor.

Doar também interfere na crença de capacidade, pois, à medida que você doa com alegria, prazer e satisfação sem faltar para você e para os seus, é enviada uma informação ao seu cérebro de que você é capaz de produzir abundantemente mais, gerando assim um arcabouço de autoconfiança. A confiança em sua capacidade de doar e mesmo assim continuar tendo reforça suas crenças de capacidade de **FAZER** mais dinheiro e riquezas.

Esse comportamento interfere também na crença de merecimento, pois, à medida que doo, eu me vejo como uma pessoa melhor. Cada vida impactada com o meu doar financeiro me converte consciente e inconscientemente em uma pessoa do bem, alterando e melhorando as crenças de identidade sobre mim mesmo. Quem doa como estilo de vida é quem, pelo senso individual e comum, merece coisas boas. E quanto mais as pessoas doam, melhores se tornam e mais merecedoras de **TER** coisas ainda melhores.

Quanto doar? Como começar a doar? São duas perguntas que meus alunos e clientes me fazem com bastante frequência no curso Fator de Enriquecimento®. O ideal é doar 10% de tudo o que se ganha. É um percentual bíblico, o dízimo, a décima parte. A Bíblia diz que a décima parte do que a pessoa ganha deve ser dada a Deus e, levando em conta que não existe um banco celestial para você enviar seu dízimo a Deus, a única maneira de fazê-lo é por meio das pessoas aqui na Terra. E acredito nesse número e nessa proporção. No entanto, o importante é que esse percentual de sua renda seja doado com alegria, prazer e satisfação, pois, se não for assim, terá efeito contrário em suas crenças, trazendo pobreza e afastando riqueza.

Se você não doa para orfanatos, instituições de assistência ou para sua igreja, só pode haver duas explicações: ou você é uma pessoa muito egocêntrica e indiferente ao mundo que o cerca ou tem mentalidade de escassez e acredita que se doar faltará para si e para os seus.

Enquadrando-se no primeiro ou no segundo caso, você não é verdadeiramente rico. À medida que consegue de fato doar percentualmente mais de seu salário ou pró-labore para os necessitados, mais rico e abundante você se torna. À medida que se aproxima dos 10% de doação, você se torna verdadeiramente rico.

Mais uma vez muitas pessoas dirão que não conseguem doar 10% de sua renda e a resposta é simples: não conseguem porque possuem uma mentalidade pobre e desorganizada. Pois, se fossem ricos, doariam talvez mais que 10% de sua renda mensal.

COMO DOAR SE NÃO TENHO O SUFICIENTE PARA MIM?

Como já falei anteriormente, ou você aumenta a sua renda sem aumentar seus gastos ou diminui os gastos o suficiente para, nesta nova etapa, ter 10% para doar. No meu caso, quando enveredei por essas mudanças, optei por perseguir um pró-labore maior. Acredite, isso sempre será possível.

Sempre é possível trabalhar melhor, gerar mais resultados e produzir o reconhecimento necessário para um aumento no salário ou no pró-labore. Seja sincero com você mesmo. Quanto a mais você poderia produzir: 10%, 20%, 30%, 40% a mais com os mesmos recursos? E em quanto você pode aumentar a qualidade do seu trabalho com os mesmos recursos: 10%, 20%, 30%, 40% a mais? Combine os dois e com facilidade você aumentará de 20% a 40% seus resultados profissionais e, consequentemente, os resultados financeiros. Sim, é possível ter um salário ou pró-labore maior. Se for necessário, capacite-se mais para isso, mas não me venha dizer que é impossível.

Hoje, o Brasil vive a sua maior crise de competência. As pessoas competentes estão completamente escassas, as empresas estão dando o que podem e não podem para manter seus talentos, como também estão pagando mais para talentos saírem de onde estão e se juntarem a suas empresas. Se você não recebeu pelo menos duas propostas de trabalho nos últimos seis meses, precisa repensar sua maneira de trabalhar e produzir.

Independentemente de conseguir aumentar seu salário ou pró-labore, é fundamental cumprir a segunda etapa do projeto de fortalecimento financeiro que é doar 10% de seus rendimentos. Se você não se sente capaz de aumentar seus rendimentos, talvez a estratégia seja reduzir novamente seus gastos. Para isso, mais uma vez você precisa lançar mão de um orçamento familiar estruturado. Acesse o site: *www.febra.me/fe-ferramentas* e baixe o orçamento familiar, assim ficará mais fácil criar e seguir um orçamento familiar financeiro.

Como costumo dizer: "Tem poder quem age. E tem mais poder ainda quem age na direção certa". Pessoas fracas ou vacilantes talvez passem por essa etapa do processo e a deixem no mundo das possibilidades sem uma ação concreta para colocá-la em prática por vários motivos. Para mim, nem sempre foi fácil doar, muito menos doar 10% de todos os meus rendimentos. Como cristão, sempre entendi a importância de dizimar, ou seja, doar 10% de tudo o que ganho como pessoa física para minha igreja se manter, crescer e ainda promover ações consistentes de assistência aos carentes e necessitados. Passei por todas as fases. Enfrentei momentos em que não doava porque de fato vivia como pobre. Momentos que doava uma pequena esmola para Deus, como se ele precisasse de esmolas de uma pessoa escassa.

No entanto, à medida que aprendi de Deus e agi contra minha natureza pobre e egoísta, fui me tornando um dizimador constante e consistente. Quando me tornei um verdadeiro doador, tudo foi melhorando rápida e extraordinariamente na minha vida financeira. No começo, eu dizimava um quarto do total toda semana, pois o montante parecia menor e mais fácil de doar. Depois fui sendo capaz de doar de uma única vez os 10% de minha renda. Hoje, minha esposa e eu doamos mais de 15% de nossa renda mensal. Não importa quanto ganhemos naquele mês, 10% vão para a igreja e pelo menos mais 7% doamos para obras e instituições de assistência, e até para parentes necessitados.

Posso afirmar, por experiência própria e dos meus clientes diligentes, que cada centavo doado, cada vida impactada, cada sorriso de uma criança, ou olhar de esperança de um adulto desvalido nos fazem mais merecedores de coisas boas e ainda tornam o mundo onde meus filhos e netos vão morar um lugar melhor. Como se não bastasse, me faz uma pessoa mais rica e próspera financeiramente. Ciente de todas essas informações sobre os benefícios de doar, peço que você complete a frase com base no que você aprendeu até aqui.

Só não doa quem_____.

Seja por aumento dos rendimentos ou por redução dos gastos, você agora está doando para sua igreja ou para uma instituição de assistência 10% de seus rendimentos mensais e você sabe quais mudanças esse comportamento produzirá em suas crenças.

Agora você está pronto para ir para a terceira fase do processo de fortalecimento dos seus músculos financeiros.

TERCEIRO PASSO: PAGAR AS CONTAS

Quando me refiro a pagar as contas, quero dizer três coisas: pagar todas as contas, pagá-las em dia e pagá-las com certa facilidade e sobretudo com sobras. Os benefícios emocionais promovidos por esse comportamento aprimoraram a autoimagem do indivíduo. Fazendo-o se ver como uma pessoa honesta, próspera, digna de confiança. Como é dignificante poder olhar para as pessoas com a cabeça erguida e com orgulho de quem se é. Como é prazeroso poder atender o telefone a qualquer hora e em qualquer lugar com a certeza de que não receberá cobranças por contas atrasadas. Como é bom receber a ligação do gerente que quer saber onde aplicar seu dinheiro e não para avisar que o cheque voltou sem fundos. Como é danoso fazer compras para se sentir rico e depois que as contam chegam, sem saber como pagá-las, sentir-se a pessoa mais pobre do mundo. Saiba que o comportamento de ser um bom pagador altera diretamente a crença de identidade, fazendo-nos ser prósperos.

Acredite, você nunca vai ser de fato rico se todo mês ficar devendo ao cartão de crédito e cheque especial ou se tiver de contar cada real para pagar as contas. Pior ainda será ter de pedir dinheiro emprestado para pagar suas contas. Estes são comportamentos e atitudes de pessoas limitadas financeiramente. Mais devastador ainda é ter contas atrasadas e receber aquelas humilhantes cobranças que, na verdade, mais do que cobranças, são acusações que danificam suas crenças de identidade, tanto morais, quanto de prosperidade.

Vemos muitas pessoas que compram um carro que não podem pagar com facilidade, compram roupas, fazem viagens e frequentam ambientes que também não podem pagar. Tudo isso para se sentirem mais ricas ou prósperas. No entanto, o sentimento de riqueza dura apenas o tempo de adquirir o bem ou o serviço, pois cada conta difícil e suada para pagar e cada cobrança de uma conta atrasada é uma acusação ou afirmação que diz: "Você é pilantra, devedor que não honra suas obrigações!". Ou ainda: "Você é pobre, endividado. Você, na verdade, é uma farsa! Suas roupas e seu carro são apenas um disfarce de rico". Dessa maneira, você estará vivendo segundo suas limitações, sentindo pressão, insegurança e dúvida a respeito de sua vida financeira e seu futuro. O sentimento reinante e duradouro será o desconforto, a insegurança de viver quase literalmente com a corda no pescoço.

Para começar a jornada de fortalecimento dos músculos financeiros, o percentual mínimo indicado para esta etapa é de 60%, ou seja, você vai comprometer no máximo 60% de seus rendimentos mensais para pagar suas contas da forma correta. Vamos recapitular:

1º Pagar-se primeiro: 5%;
2º Doar com sabedoria para quem precisa: 10%;
3º Pagar todas as contas: 60%.

Novamente um orçamento familiar equilibrado e planejado é fundamental para cumprir a terceira etapa desse processo de fortalecimento financeiro. Pessoas bem-sucedidas chegam a viver com apenas 20% a 30% de seus rendimentos. À medida que os rendimentos crescem mais que os gastos mensais, elas podem deslocar os recursos antes usados para pagar as contas para investir e se tornarem mais ricas.

Tanto quanto a primeira e segunda etapas do processo interferem nas crenças formadoras do indivíduo, pagar as contas da maneira correta também interfere em toda a cadeia de crenças financeiras. Antes de qualquer coisa, interferem na autoimagem: como é a autoimagem de uma pessoa que anda em um carro esportivo caro e está endividada e cheia de contas atrasadas e com medo de atender o telefone porque pode ser um cobrador do outro lado da linha? Como é a autoimagem e os sentimentos reinantes na pessoa que, apesar de andar coberta de grifes, tem seu nome negativado em instituições financeiras e órgãos de proteção ao crédito? Assim, pagar todas as contas em dia melhora nossa autoimagem e nos faz acreditar em nós mesmos.

Vamos a mais perguntas: Quem tem a melhor autoimagem financeira: quem anda em um carro esportivo e caro e está com as prestações da casa vencidas, o CPF negativado e os cobradores batendo à sua porta, ou aquele que trocou seu carro por um mais barato, porém já se pagou primeiro, doou 10% para os necessitados e ainda tem todas as contas pagas corretamente?

Enquanto o primeiro está vivendo segundo suas limitações e se tornando cada vez mais pobre financeira e emocionalmente, o segundo, mesmo aparentemente vivendo de forma mais simples, está seguindo suas possibilidades e se tornando cada vez mais rico. É questão de tempo para que o primeiro quebre financeiramente e o segundo fique realmente rico e próspero em seus próprios termos.

Cumprida a terceira etapa, podemos entrar agora na quarta etapa, não menos importante que as outras três. Vamos a ela.

QUARTO PASSO: INVESTIR PARA FICAR RICO

Esta etapa é a mais prazerosa para muitas pessoas. Afinal, quem não quer ficar rico? No entanto, está diretamente ligada ao cumprimento das outras três anteriores. Uma complementa a outra e todas juntas produzem o conjunto das crenças financeiras fortalecedoras.

A maioria das pessoas trabalha para conseguir dinheiro, porém as pessoas com mentalidade rica fazem com que o dinheiro se multiplique por si só, independentemente se elas estão ou não trabalhando. O caso dos sócios Tiago e Bruno, mencionado no primeiro capítulo, retrata isso. Apesar dos gastos exorbitantes, Bruno conseguiu obter um patrimônio duas vezes maior que o do sócio, porque investia mais e da maneira certa.

O percentual mínimo indicado para iniciar essa etapa é pelo menos 10% dos seus rendimentos para ficar rico. Fique atento para não confundir essa etapa com poupança, pois a poupança, em nossa abordagem, é uma maneira de realizar sonhos e usufruir da vida.

Para a maioria das pessoas, investir para ficar rico é um caminho desconhecido e repleto de armadilhas. Devemos minimizar os riscos, nunca desistir de investir e aprender a fazê-lo. Investindo cada vez melhor, com mais segurança e mais rentabilidade. Esse é um caminho que não se trilha do dia para a noite e, quanto mais informação e conselheiros experientes, mais seguro e menos erros você cometerá. Nunca esqueça: investir é um jogo de paciência.

EM QUE INVESTIR?

Não sou nenhum megainvestidor, muito menos um *expert* em investimentos de alta performance. Dedico 95% do meu tempo ao que é minha missão de vida e paixão, que é ajudar pessoas a serem tudo o que potencialmente são capazes por meio do Coaching Integral Sistêmico®. Já aos meus investimentos dedico menos de 5% do meu tempo. No entanto, ao longo dos últimos anos tenho feito bons negócios e colhido bons dividendos também.

Já investi em ações, em títulos, em *start-ups*. Contudo, provavelmente, como não sou um investidor profissional nem dedico muito tempo a isso, meu foco principal em investimento sempre foram os imóveis. Pois, dessa maneira, sinto-me mais seguro ao olhar para um terreno ou empreendimento e ver ali meus recursos.

Quando não tinha experiência em imóveis, eu aplicava meus recursos financeiros em loteamentos devidamente registrados e apartamentos ainda na planta com toda a documentação de incorporação em dia. Era uma maneira de investir com menos rentabilidade, porém com muito mais segurança. Passei anos da minha vida investindo assim.

Com o tempo, com mais informações e maturidade, percebi que a visão de um bom investidor é a combinação de três fatores: a segurança do investimento, o retorno sobre o capital investido e o tempo de retorno e, por isso, me associei a dois *experts*: um na área comercial e outro na área jurídica imobiliária.

Meu sócio *expert* imobiliário sabe o que comprar, quando comprar, como comprar e por quanto comprar. Já meu outro sócio cuida de todas as questões jurídicas e minimiza os riscos dos nossos investimentos. Com os dois passei a ousar mais e a investir atendendo aos três fundamentos: maior segurança, maior retorno sobre o investimento e tempo normalmente menor do retorno do capital investido. A diferença na minha balança patrimonial foi gritante depois da entrada dos meus novos sócios. Nossos investimentos imobiliários preferidos são: terrenos para loteamento, terrenos em área comercial bem movimentada e imóveis arrematados em leilão.

Para quem está começando, provavelmente o primeiro passo deve ser juntar algum dinheiro e ter um montante suficiente para comprar ou dar entrada em um imóvel. O segundo passo é ter um corretor confiável que possa orientá-lo em aquisições que preencham os três pré-requisitos, começando, porém, com a segurança do investimento.

Você deve estar se perguntando se é possível, com tão poucos recursos, tornar-se um investidor imobiliário. A resposta é sim. Você precisa primeiramente querer investir, mobilizar a sua atenção e intenção nessa direção e buscar informações de credibilidade de pessoas com perfil parecido com o seu e que estão investindo e obviamente tendo sucesso. O segundo passo é agir na direção certa. Sempre existirá um loteamento, apartamento ou prestação de um imóvel que caiba no seu bolso. Depois de meses ou anos, esse imóvel terá se valorizado e então é hora de realizar seu lucro e, com ele, fazer um novo e maior investimento.

A maior armadilha dessa fase, porém, não são os maus investimentos, e sim a impaciência e a desorganização financeira. A impaciência faz com que a pessoa venda seu imóvel antes da hora e por motivos fúteis. Trocando o investimento para ficar rico pela realização de um sonho, como uma viagem, um carro, uma festa, ou algo assim. A outra armadilha é não conseguir criar e manter-se dentro do orçamento, por isso, as dívidas crescem e o novo investidor se desfaz de seu investimento para pagar as dívidas.

Vamos a um caso: Tenho uma amiga bancária que tinha seu orçamento muito apertado e, por isso, não conseguia investir e continuava vivendo o ciclo de paralisia financeira. Não por acaso, meu corretor me trouxe uma pechincha, as quatro últimas unidades de um edifício muito bem localizado, nas quais a construtora estava disposta a dar um desconto de 10% se fossem vendidas as quatro unidades juntas. Eu sabia que a construtora queria desmontar o estande de vendas e liberar os corretores de plantão para outra obra, porém ainda faltava vender quatro unidades. Fiz a proposta de 15% de desconto e uma condição mais facilitada para pagar. Assim ocorreu, eles aceitaram minha proposta. Fiquei com três unidades e fiz com que minha amiga ficasse com uma. No início, ela me odiou. Temia não conseguir pagar, duvidando se teria dinheiro suficiente para as prestações. O fato é que ela pagou as prestações apenas com os sapatos e bolsas que deixou de comprar. E o melhor, fez isso sem alterar em nada sua qualidade de vida. Em menos de seis meses, vendi dois dos apartamentos pelo preço de tabela embolsando 15% do valor do imóvel em cada, sem investir praticamente nada.

Nada mais ingênuo e infantil do que ouvir e pedir conselhos a quem não tem resultados positivos e concretos a mostrar. Antes de contratar um corretor, certifique-se de que ele tem clientes parecidos com você e tem no portfólio de imóveis o tipo de imóvel que você procura. Também é fundamental conhecer clientes desse corretor para atestar seu compromisso e sua credibilidade profissional em atender às suas necessidades.

Lembre-se de que depois de ter cumprido a primeira etapa de se pagar primeiro e assim ter acumulado em casa 10% a 20% do valor de seu rendimento mensal, você pode direcionar os 5% do "se pagar primeiro" excedente para o quarto passo que é investir para ficar rico. Fazendo isso você terá 15% para investir e enriquecer.

Parabéns, você já está cumprindo as quatro etapas do comportamento financeiro fortalecedor!

1º Pagar-se primeiro: 5%;
2º Doar com sabedoria para quem precisa: 10%;
3º Pagar todas as contas: 60%;
4º Investir para ficar rico: 10%.

QUINTO PASSO: POUPAR PARA OS SONHOS

Você vive ou sobrevive? Essa pergunta pode parecer sem sentido, mas, na prática, as pessoas que não usufruem da própria vida se tornam sobreviventes sobrecarregados da própria história. Levam uma vida pesada, estressada, cansativa e sem sentido.

Quando olhamos para nós mesmos e nossas necessidades, passamos a ter uma percepção mais holística e compreendemos que temos necessidades básicas, como comer, beber, nos proteger, mas também necessidades secundárias muito importantes, como amar, se divertir, rir, se alegrar e socializar.

Sem cumprir essas duas categorias de necessidades, o ser humano estará longe de ter uma vida plena e feliz. Por incrível que pareça, para algumas pessoas, se bem usado, o dinheiro pode ajudar quem quer que seja a realizar essas duas categorias de necessidades. Se bem usado, o dinheiro pode ajudá-lo a se alimentar, morar e lhe dar proteção, como também pode ajudar a se divertir, rir, compartilhar momentos tremendos com as pessoas que ama. Fique atento, pois o dinheiro por si só não é capaz de fazer nada de bom nem de ruim. São suas decisões sobre como usá-lo que farão toda a diferença.

Cumprir essa etapa produz crenças profundas de merecimento, afinal, a cada mês que poupo para realizar meu sonho ou pago a prestação de uma viagem ou de um carro, é como afirmar para mim e para o mundo: "Eu sou merecedor de coisas boas". É um reforço mensal das minhas crenças de merecimento.

Quando me prestigio com algo benéfico e importante por mim mesmo, reforço consciente e inconscientemente que sou uma pessoa importante e valorosa. Afinal, por que me prestigiaria ou me beneficiaria se eu não fosse alguém valoroso ou importante? O momento maestral é quando chega a hora de realizar seus sonhos e vivenciar os momentos mágicos para os quais poupou. Assim, sua autoimagem é elevada a um novo patamar de valor próprio.

Para cada meta pessoal ou profissional realizada, existe a expansão de suas crenças de identidade. Quando me vejo vivendo algo que nunca vivi ou experimentando um sonho novo, a autoimagem é elevada e expandida. Já sabemos que uma mente que se expande, jamais volta para a mesma posição.

Cumprir todas as cinco etapas anteriores é como fazer uma musculação financeira. Será necessário repetir esses comportamentos para criar novos e profundos hábitos e com eles novas crenças de: **identidade**, **capacidade** e **merecimento**. Repetir cada uma das etapas, mês a mês, produzirá mudanças em sua maneira de pensar e de sentir. Essas mudanças são capazes de produzir um nível de prosperidade nunca imaginado por você.

Nessa etapa, você separará 10% do seu rendimento mensal para poupar ou para pagar a prestação de um sonho importante. Não importa qual é o sonho, o importante é que ele aqueça seu coração e gere expectativas positivas ao longo do processo. É fundamental que você se sinta como uma criança entusiasmada esperando pela noite de natal para ganhar seus presentes.

Cientistas mostram que pessoas que realizam sonhos no campo do fazer são bem mais felizes do que pessoas que realizam sonhos no campo do ter. Fazer uma viagem preenche mais uma pessoa do que comprar um *jet ski*, por exemplo. Gastar o dinheiro com passeios com amigos nos faz mais felizes do que comprar um relógio. Fazer um passeio nas dunas do Ceará ou no deserto de Dubai com sua família ou seus amigos lhe fará mais feliz de que comprar uma televisão ultramoderna.

Se percebermos bem, a felicidade humana está e sempre estará calcada no compartilhar as coisas simples da vida com outras pessoas. Não é o balão ou o carro esportivo que tornam o momento importante, mas as pessoas e a qualidade da relação que estabelecemos com elas naquele momento. Não é a televisão moderna ou o passeio no deserto, mas quem está presente naquele momento e a conexão que estabelecemos. Mediante essa abordagem, sobre a realização de sonhos, fique atento para que sempre existam pessoas importantes em seus sonhos, afinal é a presença delas que os faz valerem a pena.

Não importa quão difícil esteja a sua vida neste momento. Se quiser mudar, você precisa antes mudar suas crenças de merecimento e de valor próprio. Nada como investir na sua felicidade e alegria para produzir crenças financeiras fortalecedoras.

Para ter o suficiente para investir 10% de seus rendimentos e realizar seus sonhos, talvez seja necessário reduzir novamente seus gastos e seu padrão aparente de vida.

"Tem poder quem age e mais poder ainda quem age na direção certa."
Paulo Vieira

Faça o que tem de ser feito, por mais desafiador que seja. Pessoas fracassadas fazem apenas o que dá prazer imediato, pessoas comuns fazem coisas fáceis, pessoas de sucesso fazem o que a maioria não está disposta a fazer. Você vai se dedicar a assumir qual identidade? Você cumprirá as fases anteriores e direcionará 10% dos seus rendimentos para realizar seus sonhos?

Se você já está cumprindo cinco das seis etapas do comportamento financeiro fortalecedor, parabéns! Vamos relembrá-las:

1º Pagar-se primeiro: 5%;
2º Doar com sabedoria para quem precisa: 10%;
3º Pagar todas as contas: 60%;
4º Investir para ficar rico: 10%;
5º Poupar para os sonhos: 10%.

Alguém que busca essa proporcionalidade de gastos vive uma vida equilibrada financeiramente, como uma pessoa próspera em seus próprios termos, segundo suas possibilidades. Não importa se ela tem um rendimento mensal de 3 mil reais ou de 200 mil reais, pois ela cultiva a prosperidade, a paz de espírito e o valor próprio.

Quais são os sonhos para os quais você começará a poupar para realizar? A quais realizações pessoais você vai dedicar 10% de seus rendimentos? Quais realizações pessoais vão mudar suas crenças sobre si mesmo? Quais experiências de prazer e conquista pessoal serão inesquecíveis em sua vida e na vida dos seus? Quais experiências você pode proporcionar para si e para os seus parentes que vão deixá-los ainda mais unidos? Quais sonhos o tornarão uma pessoa com mais crenças de merecimento e sentimento de capacidade?

EXERCÍCIO

Escreva a seguir a relação de cinco sonhos a ser realizados na sua vida. É importante colocar ao lado de cada sonho o valor aproximado e de quanto será a poupança ou a prestação mensal. Dessa forma, você poderá planejar e colocar data para a realização de cada um dos seus novos sonhos.

RELAÇÃO DE SONHOS	VALOR	POUPANÇA MENSAL
1º		
2º		
3º		
4º		
5º		

SEXTO PASSO: ABUNDAR

Esta é a última etapa e a coroação de uma vida repleta de sabedoria financeira. Para chegar até aqui, você primeiro se pagou e, hoje, ter dinheiro deixou de ser algo estranho e distante. Em seguida, você doou, uma atitude dos verdadeiramente ricos. Após essas duas etapas, você exercitou a sua honra e dignidade pagando todas as suas contas em dia e com certa facilidade. Cumprindo e executando essas três primeiras etapas você já é outra pessoa; você se comporta, pensa e se sente como uma pessoa rica.

Você também se dedicou à quarta etapa e ao compromisso de fazer o dinheiro trabalhar para você. Dinheiro produzindo dinheiro. A quinta etapa trata de usufruir de seu trabalho e suor, realizando seus sonhos. A sexta e derradeira etapa é abundar. Mesmo depois de ter cumprido as cinco etapas, ainda sobra dinheiro e você pode olhar todas as possibilidades, escolher e decidir livremente o que fazer com o dinheiro que sobrou. Será que vai doar? Ou será que vai investir para ficar rico? Ou quem sabe vai realizar um sonho de sua esposa ou do seu marido? Por que não usar o que sobrou para jantar em um restaurante a que nunca havia ido? Não importa. Isso é viver em seus termos segundo suas possibilidades, e não segundo suas limitações.

Trago um caso de um cliente de coaching, engenheiro de 40 anos, que vivia endividado e, como ele próprio dizia: "Parece que o dinheiro queima a minha mão. É só pegar em dinheiro, que logo dou um jeito de me livrar dele". Quando começamos o processo de coaching, seus problemas eram muitos, indo da total desorganização financeira até a consequente falta de dinheiro para pagar as contas mais básicas. Ele estava passando por problemas conjugais, estava depressivo com tantas cobranças e contas em aberto, problemas familiares por não ter pago empréstimos familiares e sem cabeça para trabalhar e produzir adequadamente em seu trabalho como gerente de obra de uma grande construtora.

Ao conseguir adequar seu orçamento e viver na proporção mínima por mim indicada, ele era visto com credibilidade pela esposa e já não pedia dinheiro emprestado a ela para quitar suas dívidas e tinha pago todos os empréstimos familiares. Ele já atendia as ligações pois não tinha mais cobradores batendo à sua porta. Estava tudo acertado e em harmonia com os familiares também e havia voltado a frequentar os almoços de domingo na casa do pai.

Ele se sentia bem, feliz, seguro e próspero com seu novo estilo de vida financeiro. Certamente não foi fácil trocar seu carro por um mais barato e com prestações menores no valor e na taxa de juros. Como também não foi fácil fazer cálculos e anotar tudo o que gastava e trocar a ida para o trabalho de carro por metrô. E ainda se privar de pequenos gastos constantes que lhe davam uma falsa sensação de riqueza. Ele reduziu os almoços em restaurantes durante a semana. Eliminou três dos quatro cartões de crédito. Cancelou a corrida de fórmula 1 no Rio de Janeiro. Foram muitas decisões importantes que ele tomou. Em uma das últimas sessões de coaching ele me confidenciou: "Não foi fácil, mas agora, além de ver alternativas para formar um patrimônio, tenho paz de espírito e o respeito de minha família. E isso sim não tem preço. Antes eu vivia como se fosse rico mas não era. Hoje vivo nos meus termos e me sinto próspero".

Assim ficou sua métrica de enriquecimento:

1º Pagar-se primeiro: 5%;
2º Doar com sabedoria para quem precisa: 10%;
3º Pagar todas as contas: 60%;
4º Investir para ficar rico: 10%;
5º Poupar para os sonhos: 10%;
6º Abundar em qualquer área: 5%.

Trago seis tabelas para você preencher. Na primeira, você coloca a proporção em que vive hoje, tanto em valores como em percentual da alocação de seus gastos em cada uma das seis etapas. Na segunda, coloque o que pode mudar **hoje** com facilidade na sua vida financeira em cada uma das seis etapas, atualizando valores e percentuais.

E a terceira tabela refere-se ao primeiro passo, a métrica mínima para quem quer iniciar uma jornada de enriquecimento. Perceba que a partir da terceira tabela os percentuais já são oferecidos e cabe a você mudar a sua vida e seus gastos para se adequar a esse estilo de vida.

Na quarta tabela, você já se tornou um discípulo. Sua renda cresceu e você também evoluiu nos percentuais, alocando mais dinheiro para o que é mais importante.

Na quinta tabela, você de fato se tornou um candidato a ser rico. Chegou ao nível em que consegue pagar todas as contas com 45% da sua receita e investe 33% dela. Sua renda também vem crescendo cada vez mais.

Na última tabela, você já vive um padrão completo de abundância trazendo a proporção ideal para produzir uma vida farta e rica. Talvez, para chegar à vida e à proporção ideal financeira você precise de muito planejamento e ainda tomar decisões difíceis como no caso do meu cliente. Então, saiba que as pessoas de sucesso não fazem o que lhes dá prazer. Elas fazem com sabedoria o que tem de ser feito. Faça!

Observe a seguir o quadro-resumo com os conceitos que compõem o comportamento de riqueza. Em seguida, preencha as tabelas de acordo com a sua renda.

	AÇÕES	O QUE FAZER
1	PAGAR A SI MESMO	GUARDAR DINHEIRO VIVO EM CASA
2	DOAR	DOAR UM PERCENTUAL DA RENDA À IGREJA OU A QUEM NECESSITA
3	PAGAR AS CONTAS	PAGAR TODAS AS CONTAS EM DIA, COM FACILIDADE E COM SOBRAS
4	INVESTIR PARA FICAR RICO	INVESTIR EM AÇÕES, TÍTULOS, IMÓVEIS, LOTEAMENTOS ETC
5	POUPAR PARA OS SONHOS	SEPARAR PERCENTUAL PARA REALIZAR UM SONHO
6	ABUNDAR	GASTAR, INVESTIR OU DOAR O QUE SOBROU

Observação: do segundo ao quarto passo, como forma de treino e de planejamento, você pode fazer uma estimativa de quanto sua renda terá crescido. Por exemplo: no segundo passo, você pode fazer os cálculos usando como base uma renda 30% maior que a sua renda atual; no terceiro passo, uma renda 30% maior que a do segundo passo e assim por diante. Se você estiver cumprindo a métrica, necessariamente a sua renda estará aumentando.

COMPORTAMENTO DE RIQUEZA ATUAL

Renda atual: _____

	AÇÕES	%	R$
1	PAGAR A SI MESMO		
2	DOAR		
3	PAGAR AS CONTAS		
4	INVESTIR		
5	POUPAR PARA OS SONHOS		
6	ABUNDAR		
TOTAL		100%	

COMPORTAMENTO DE RIQUEZA DESEJADO

Nesta tabela, você colocará as decisões financeiras que tomará **HOJE** para atingir o seu estado desejado financeiro.

	AÇÕES	%	R$
1	PAGAR A SI MESMO		
2	DOAR		
3	PAGAR AS CONTAS		
4	INVESTIR		
5	POUPAR PARA OS SONHOS		
6	ABUNDAR		
TOTAL		100%	

PRIMEIRO PASSO: INICIANTE
Renda: _____

	AÇÕES	%	R$
1	PAGAR A SI MESMO	5%	
2	DOAR	10%	
3	PAGAR AS CONTAS	60%	
4	INVESTIR	10%	
5	POUPAR PARA OS SONHOS	10%	
6	ABUNDAR	5%	
TOTAL		100%	

SEGUNDO PASSO: DISCÍPULO
Renda: _____

	AÇÕES	%	R$
1	PAGAR A SI MESMO	3%	
2	DOAR	15%	
3	PAGAR AS CONTAS	50%	
4	INVESTIR	17%	
5	POUPAR PARA OS SONHOS	10%	
6	ABUNDAR	5%	
TOTAL		100%	

TERCEIRO PASSO: CANDIDATO A RICO
Renda: _____

	AÇÕES	%	R$
1	PAGAR A SI MESMO	2%	
2	DOAR	15%	
3	PAGAR AS CONTAS	45%	
4	INVESTIR	33%	
5	POUPAR PARA OS SONHOS	5%	
6	ABUNDAR	0%	
TOTAL		100%	

QUARTO PASSO: RICO
Renda: _____

	AÇÕES	%	R$
1	PAGAR A SI MESMO	0%	
2	DOAR	15%	
3	PAGAR AS CONTAS	35%	
4	INVESTIR	50%	
5	POUPAR PARA OS SONHOS	0%	
6	ABUNDAR	0%	
TOTAL		100%	

Se você está conseguindo viver dentro da primeira métrica já é uma pessoa próspera de acordo com seus próprios termos; tornar-se rico é questão de tempo. Seja como for, você agora faz parte da comunidade das pessoas que realizam.

Desde que me casei com minha esposa e parceira de vida, decidimos nunca mais viver as privações financeiras e o turbilhão de problemas que havíamos vivido pelas decisões erradas de nossos pais. Assim, o primeiro acordo que fizemos foi guardar 50% de toda nossa receita mensal. Como naquela época eu tinha mais intuição e boa vontade do que conhecimentos e ferramentas sobre finanças, nosso comportamento de riqueza se baseava apenas em doar para familiares e igreja em média 15%. Investir 50% para ficar rico e pagar as contas do orçamento familiar com 35%.

Com esse comportamento sempre vivemos com um padrão financeiro menor do que de fato podíamos. Muitas vezes vimos pessoas próximas a nós com rendimentos menores ou iguais aos nossos fazendo gastos em roupas, viagens, carros, joias muito maiores que os nossos. Passados alguns anos as mesmas pessoas com que convivi no início da minha jornada financeira e que criticavam minha maneira espartana de gastos, hoje não têm nem 10% de nossa renda ou patrimônio. E nosso comportamento financeiro continua praticamente o mesmo: pagamos as contas com 30% de nossa renda, doamos 20% e investimos 50%.

O que mudou foi o tamanho de nossa renda em forma de pró-labore, rendas passivas, *royalties*, aluguéis, dividendos, que foi multiplicada em pelo menos 35 vezes. Assim, pagar nossas contas com apenas 30% da renda hoje é muito fácil. Outro detalhe que também não mudou foi que respeitamos nosso orçamento familiar até hoje. Eu sei para onde vai cada real gasto, e com que gastei. E as proporções e os percentuais são observados constantemente: se em um mês não cumprimos um dos comportamentos, no outro compensamos.

Você pode estar se perguntando por que eu não usei todas as técnicas e proporções desde o início, como se pagar primeiro e poupar para sonhos e resgatar ao fim de tudo. Primeiro, porque não tinha esse conhecimento naquela época. Já hoje não cumpro os seis passos porque sempre mantenho algum dinheiro em casa, então não há sentido em me pagar primeiro. Não poupo para os sonhos hoje porque, graças a Deus, quando quero realizar um sonho reflito sobre o real valor dele e, se de fato eu quiser, compro e o classifico como gastos do orçamento. E também não dedico os 5% restantes para o critério "Abundar", porque há sempre sobras financeiras e a consequente liberdade financeira de abundar na minha vida ou na vida de outras pessoas. Contudo, se você não atingiu um patamar de enriquecimento alto, não se sabote e cumpra os seis passos do comportamento de enriquecimento e verá seu patrimônio crescer exponencialmente.

Com base na leitura feita até aqui, escreva no quadro a seguir quais decisões você toma.

QUADRO DE DECISÕES
_____
_____
_____
_____
_____
_____

CAPÍTULO 6

CRENÇAS E SISTEMAS DE CRENÇAS

"A mente é um lugar em si mesma, e em si mesma pode fazer do céu um inferno, e do inferno, um céu."

John Milton

Contra o senso comum, sabemos por evidências e pesquisas científicas que a qualidade de nossa vida financeira tem muito pouco a ver com as informações e o conhecimento em finanças ou investimentos. Na verdade, nosso sucesso ou fracasso financeiro decorre das crenças ou programações mentais que temos sobre: dinheiro, prosperidade, merecimento, felicidade, ser rico, os ricos, fracasso, vitimização, capacidade, autoaceitação, amor-próprio, ser amado etc.

Já que nossas crenças são tão determinantes em nossa vida, vamos a uma definição:

Crença é toda a programação mental (sinapses neurais) adquirida como aprendizado durante toda a vida e que determina nossas verdades, comportamentos, atitudes, resultados, conquistas e qualidade de vida.

Essa programação mental é registrada em nossos neurônios em forma de sinapses neurais, ou conexões neurais, formadas a partir das experiências sensoriais que cada pessoa vivencia no dia a dia, porém, principalmente na infância.

De fato, tudo o que vimos, ouvimos e sentimos repetidamente ou sob forte impacto emocional é registrado em forma de aprendizado. É justamente esse aprendizado que vai nos direcionar consciente ou inconscientemente ao longo da vida.

De forma pré-programada, poderosos comandos em nossa mente determinarão se vamos ganhar dinheiro ou não, se vamos poupar ou não, se vamos investir e multiplicar nossos rendimentos ou não, se vamos gastar com sabedoria ou compulsivamente e, finalmente, se seremos ricos ou pobres. É esse mesmo aprendizado que determina se temos valor próprio e merecemos sucesso ou se somos pessoas sem valor, sem capacidade e merecedoras de coisas ruins em nossa vida.

A perspectiva de que toda crença é autorrealizável e determinante pode ser algo assustador quando não temos controle e conhecimento sobre ela. Afinal, quais são as minhas crenças financeiras mais profundas? Quais gatilhos de riqueza ou pobreza serão ativados ao longo da minha vida? Como será minha vida financeira daqui a quatro anos? Serei capaz de me sustentar? Sairei do padrão financeiro em que vivo hoje e conquistarei meus sonhos financeiros?

PROGRAMAÇÃO MENTAL FINANCEIRA AUTORREALIZÁVEL

Você já sabe que as crenças humanas são como programas e comandos autorrealizáveis. Uma vez programado, é questão de tempo e circunstância a manifestação de tal crença. Isso mesmo, todos nós temos nossos programas financeiros emocionais engatilhados e prontos para produzir nossas realidades. Porém, normalmente não temos a menor ideia ou noção de sua existência e principalmente dos seus efeitos em nossa vida. Alguns são programas bons e adequados, outros são ruins e inadequados. Com isso, ficam mais algumas perguntas no ar: Quais são os meus programas ou crenças financeiras positivas? E as negativas? Quando essas crenças vão se manifestar? Quais consequências terão em minha vida financeira? Mais uma vez, isso pode parecer assustador. Não é porque as circunstâncias financeiras estão boas hoje que estarão amanhã. Não é porque existe dinheiro na conta hoje que existirá amanhã.

Sendo coach integral sistêmico e especialista em linguagem, facilmente identifico as crenças financeiras já programadas em meus clientes. Observando as palavras ditas, a comunicação não verbal, os sentimentos reinantes sobre cada assunto e em cada tema, é fácil compreender o estilo de vida emocional das pessoas e ainda mais fácil identificar as crenças dessa pessoa no aspecto financeiro.

Certa vez, durante o *Coaching For Money*®, eu disse que era fácil compreender o padrão financeiro de qualquer pessoa, bastando observar o composto da sua comunicação. Logo, um dentista me desafiou publicamente e me perguntou: "Se é fácil assim, me diga quanto eu ganho". Eu repeti que precisaria observar sua comunicação por cinco minutos. Conversamos durante o intervalo e, antes de retornarmos à sala, ele voltou a perguntar qual era o rendimento mensal dele. Sem dúvida, afirmei: "Você ganha em média 15 mil reais por mês". A princípio, ele negou e disse que ganhava mais, porém seu sócio na clínica confirmou sorrindo que de fato ele ganhava aquele valor.

As pessoas constantemente me perguntam como consigo compreender e revelar a vida dos meus alunos com tanta assertividade. Podemos tirar a resposta de uma passagem bíblica que diz: "A boca fala do que o coração está cheio". Em outras palavras, essa passagem diz que manifestamos nossas crenças em atos, palavras e ações. Assim, sempre existirá uma tremenda coerência entre nossa comunicação e nossos resultados financeiros. Como costumo dizer: "Pobre é pobre porque pensa como pobre e se comunica como pobre". O problema é que a maioria das pessoas deixa as dificuldades financeiras se tornarem agudas ou crônicas para começarem a agir. Quando agem, buscam normalmente resolver os limitados aspectos cognitivos e racionais de sua mente em vez de também reprogramarem as suas crenças de riqueza.

Para entender melhor como as crenças funcionam, vou lançar mão de uma metáfora. Vamos supor que você é um treinador e seu seminário começará hoje às 20 horas em seu centro de treinamento. Depois de tudo pronto, você pega o controle do ar-condicionado e programa a temperatura adequada. Vamos supor que a temperatura ideal sejam 22 graus. Pronto! Ar-condicionado ligado e programado para 22 graus. No momento em que foi ligado, a sala estava a 30 graus. Porém, com o ar-condicionado funcionando a toda força, logo a temperatura começa a cair: 28, 26, 24 graus e finalmente 22 graus. A temperatura programada foi atingida. Entretanto, a temperatura não baixa indefinidamente.

Para obedecer ao programa preestabelecido, a máquina desliga o compressor sempre que a temperatura chega a 21 graus e novamente liga quando a temperatura atinge 23 graus, mantendo, dessa maneira, a temperatura planejada em torno de 22 graus, e assim por diante enquanto o equipamento estiver ligado. Nós também somos assim, independentemente do que acontece ao nosso redor, temos a forte tendência de manter nossos programas mentais financeiros. Vamos supor que sua crença financeira e de prosperidade foi programada para viver em um padrão mediano e com alguma limitação recorrente. Se essa é a sua crença, não importa o que aconteça; se você ganhou na loteria ou se sua empresa pegou fogo, a tendência é de que, ao fechar esse ciclo temporal, sua vida financeira gire novamente e volte a ficar em torno do mesmo padrão financeiro pré-programado.

Estudando e pesquisando a influência das crenças sobre a vida financeira, cheguei a um personagem da vida real. José Mariano dos Santos, conhecido no garimpo como Índio, foi um dos melhores garimpeiros que já passou por Serra Pelada, no Pará. Ele sozinho garimpou mais de 1.283 quilos de ouro. Essa quantidade gerou a fortuna de 122 milhões de reais a dinheiro de hoje.

Se esse dinheiro fosse colocado para render a juros de 1% ao mês, ele teria uma renda mensal de 1,22 milhão. Mas, por incrível que pareça, hoje ele é pobre, mora em uma casinha muito simples e calça uma chinela gasta.

Mesmo com toda essa fortuna nas mãos, ele conseguiu um feito: em apenas três anos (e após 13 esposas) ele havia gasto tudo o que conquistara.

Estamos falando em 122 milhões de reais. Para sermos precisos, ele gastou mais de 3 milhões a cada mês. Índio chegou ao absurdo de fretar um *boeing* com capacidade para 156 passageiros para viajar para o Rio de Janeiro. Nesse voo foram apenas ele, o piloto, o copiloto, a aeromoça e 155 cadeiras vazias. Para completar, ele passou um mês no Copacabana Palace gastando, ou melhor, rasgando parte do dinheiro que conseguira em Serra Pelada.

Você pode estar pensando que isso aconteceu porque, afinal de contas, Índio era um homem simples e sem educação. Contudo, a verdade é a mesma: dentro dele continuava a crença de que era um garimpeiro muito capaz, porém, também permanecia a crença da identidade de um homem simples e pobre, que gasta tudo o que ganha. Dessa maneira, ele cumpriu duas de suas crenças: a da capacidade, e ganhou muito dinheiro com o garimpo, mas também sua crença de identidade, voltando a ser pobre. Mais uma vez, as crenças se mostram determinantes e autorrealizáveis.

Trago a história de outra pessoa de origem simples, mas que conseguiu vencer todas as barreiras sociais e se tornar verdadeiramente rico. Seu nome é Geraldo Rufino.

Ele começou a trabalhar aos 8 anos, ensacando carvão. Aos 11, passou a catar materiais recicláveis em um aterro sanitário. Para aquele menino humilde, encontrar iogurte, queijo ou sorvete vencidos no lixo era como achar tesouros em uma mina. Geraldo era feliz e grato por tudo que garimpava no aterro sanitário. Desde pequeno, aprendeu que seu valor estava em quem era, e não no quanto ele possuía.

Apesar de tão jovem, ele tinha uma mentalidade próspera. Percebeu que os outros catadores negociavam as latinhas com intermediários, que as revendiam por um preço maior para os depósitos. Mas se ele juntasse uma grande quantidade de latas, poderia negociar diretamente com os depósitos e conseguir um valor maior. Assim fez seu primeiro negócio e começou a juntar dinheiro.

Ele e a família escondiam esse dinheiro em um terreno abandonado. Certo dia, o terreno foi vendido e rapidamente limpado por máquinas. Todo o dinheiro foi perdido. Embora a notícia fosse triste, Geraldo arregaçou as mangas, pôs seu habitual sorriso e recomeçou.

Aos 13 anos, foi trabalhar em uma empresa. Na visão dele, para empreender "não faz diferença se o negócio é seu ou do outro". Com essa mentalidade, entrou na empresa como office boy e saiu, doze anos depois, como diretor. Ao longo dessa experiência, Geraldo começou a montar uma transportadora com o irmão. Quando o negócio começava a prosperar, mais uma vez, uma reviravolta pôs tudo a perder. Um acidente envolvendo seus caminhões o deixou num beco sem saída: os veículos não poderiam ser utilizados, muito menos vendidos, e a empresa iria por água abaixo.

O que seria um grande problema ele transformou em uma oportunidade ainda maior. Decidiu "reciclar" os caminhões, ou seja, desmontá-los e vender tudo que ainda pudesse ser reutilizado. Assim surgiu a ideia da JR Diesel, empresa de reciclagem de peças de caminhões que hoje é a maior da América Latina em seu segmento.

Com esse negócio, ele se tornou milionário. Mesmo com uma origem humilde, sua mentalidade de construção de riqueza não foi abalada pelos percalços encontrados no caminho. Hoje, a JR Diesel é administrada pela esposa de Geraldo, seus filhos se tornaram também empresários e ele dá palestras por todo o país.

O fato é: quem tem crenças de pobreza, ainda que ganhe, herde ou garimpe fortunas, logo voltará ao mesmo patamar de vida anterior. Da mesma maneira, pessoas que possuem ou deliberadamente constroem crenças financeiras de sucesso e riqueza, mesmo que percam, sejam roubadas ou façam maus negócios, em pouco tempo vão voltar a ter o mesmo padrão financeiro de antes ou até um padrão melhor, como foi o caso de Geraldo Rufino. A neurociência tem nos presenteado com uma evidência maravilhosa: nós não estamos condenados a continuar sendo as mesmas pessoas de sempre. Ou seja, pau que nasce torno não tem de morrer torto.

Chega de deixarmos a história do nosso passado e a história de nossos pais determinarem nosso presente e nosso futuro. Deus nos deu duas grandes dádivas, a primeira é o livre-arbítrio e a outra é a consciência. É a combinação das duas que nos faz diferentes dos outros animais e abre um mundo de possibilidades para nos tornarmos melhores todos os dias. Então, que tal continuar reprogramando suas crenças financeiras com todo afinco e obter os conceitos de enriquecimento necessários para que você escreva sua nova história de sucesso financeiro jamais imaginada? Que tal fazer como o segundo garimpeiro e trilhar a jornada do enriquecimento?

Levando em conta as manifestações de nossas crenças, são três os fatores que as desencadeiam: tempo, sentimento e circunstância, sobre os quais conheceremos agora.

Tempo Algumas crenças são *estartadas* por uma agenda temporal ou cronológica. Na data X, ou quando você tiver X anos, sua vida financeira terá o rumo mudado por uma crença incubada e inconsciente que se manifesta.

Sentimento Outras crenças se manifestam quando algum tipo de sentimento é produzido por muito tempo ou em grande intensidade. Normalmente, bons sentimentos produzem e *estartam* boas crenças e maus sentimentos produzem e *estartam* crenças ruins.

Circunstância De forma também inconsciente, quando vivemos determinadas circunstâncias, nossas âncoras pré-fixadas se manifestam e, mais uma vez, crenças internalizadas se manifestam e acontecimentos imprevisíveis começam a acontecer de acordo com a crença que possuímos.

A passagem bíblica no livro de Provérbios "Aquele que confia nas suas riquezas cairá, porém os honestos prosperarão como as folhagens verdejantes" (Provérbios, 11:28) nos alerta para não confiarmos na riqueza, pois ela pode ir e vir, mas confiarmos na força do caráter e da verdade. Quando falamos de honestidade, estamos falando de caráter e verdade, invariavelmente falamos também de suas crenças de identidade.

Você sabe qual é a crença incubada e inconsciente que você carrega dentro de si e que em algum momento se manifestará?

SISTEMA DE CRENÇAS

Muitos autores e profissionais de finanças têm falhado em seus ensaios e treinamentos porque desconhecem dois fatos de extrema importância.

O primeiro erro é desconhecer que, por mais informações financeiras avançadas, ferramentas de investimento e recursos de tecnologia que uma pessoa adquira sobre finanças, ela só prosperará até onde seu hemisfério emocional e suas crenças permitirem. Afinal, é no hemisfério direito do cérebro que estão nossos sentimentos, nossas habilidades emocionais e é lá também que residem nossas carências e traumas emocionais. É nesse hemisfério que nos encontramos com o nosso eu interno e com todas as vozes e diálogos que são travados dentro de cada um de nós e, sobretudo, é nesse lado do cérebro[13] que estão arquivadas todas as nossas programações mentais, que chamamos de crenças. Por mais que o hemisfério esquerdo, consciente e cognitivo, esteja cheio de informações e conhecimentos, sempre esbarraremos ou seremos impulsionados por nossas crenças e sistemas de crenças.

Por mais que você passe seu dia de forma consciente e atento a planos, seu lado cognitivo é absolutamente incapaz de dar conta da infinidade de decisões e escolhas que fazemos a cada minuto. A neurociência nos mostra que o cérebro racional só consegue lidar com uma quantidade restrita de informações de cada vez e que, na prática, são nossas crenças e programas internos e inconscientes que definem quase toda a gama de processamentos, decisões, atitudes e escolhas do indivíduo. Por exemplo, definindo se vou comer mais ou não. Se vou me exercitar ou não. Se vou tratar minha família com paciência ou não. Se vou poupar ou se vou gastar de qualquer maneira. Sozinho, o hemisfério racional não é capaz de promover o sucesso humano. Então, chega de estudar apenas manuais financeiros com regras, tabelas e gráficos. Isso por si só não vai torná-lo rico.

---

[13] O cérebro se divide em dois lados: o hemisfério esquerdo, ligado a funções mais lógicas e racionais, e o direito, ligado aos sentimentos, às emoções e à criatividade, entre outras. Essa divisão, porém, não é absoluta, pois os dois hemisférios são interconectados, trabalhando em conjunto, e o papel de cada área varia de acordo com a necessidade. Aqui, usamos essa divisão no sentido metafórico, com o objetivo de tornar a explicação mais clara e didática.

Conheci, anos atrás, um jovem e promissor consultor de investimento de um grande banco. Ele fez uma bela carreira de gerente de agência a cuidar do patrimônio de clientes com mais de 10 milhões de reais aplicados naquele banco. Convivi com ele durante dois anos e sempre o ouvi falar do retorno extraordinário de suas carteiras de investimento. Clientes multimilionários o convidavam para passar fins de semana em casas de praia e serras, além de almoços nos restaurantes mais finos de São Paulo. De fato, ele era muito bem-visto pelo banco e querido pelos clientes. Depois de sete anos sem vê-lo, voltamos a nos encontrar. No vaivém da conversa, descobri que a vida dele estava da mesma maneira, que ele não tinha conquistado nada de novo na vida financeira. Continuava apenas pagando o mesmo apartamento que conheci sete anos antes. Suas aplicações também continuavam as mesmas.

Como uma pessoa que consegue margens de retorno financeiro tão altas para seus clientes e ganhando relativamente bem (principalmente levando em conta que ele continuava solteiro e sem filhos) não tinha até aquele momento prosperado financeiramente depois de tantos anos na área? A resposta é a mesma de sempre: ele não tinha as crenças adequadas e produtoras do sucesso financeiro.

O segundo erro que escritores e treinadores financeiros cometem é desconhecer que, na verdade, não possuímos uma crença sobre dinheiro, possuímos, na verdade, um sistema de crenças, ou seja, uma programação profunda e complexa sobre dinheiro e finanças. Uma rede intrincada de aprendizados passados e significados presentes que moldam e determinam o comportamento humano em cada área específica da vida.

Quando me refiro ao composto de crenças sobre finanças, estou falando não apenas de uma crença financeira, mas de todo um sistema de crenças que essa pessoa possui sobre dinheiro, prosperidade, amor-próprio, sucesso pessoal, riqueza, pessoas ricas, como também as crenças que ela possui sobre ela mesma no contexto de quem ela é (crença de identidade), o que ela é capaz de realizar (crença de capacidade) e do que de fato ela imagina ser merecedora (crença de merecimento). Essa, na verdade, é a combinação de todos os aspectos e aprendizados que interferem na vida financeira de qualquer pessoa.

> Se queremos ajudar alguém financeiramente, precisamos ajudá-lo a reprogramar cada uma das crenças que compõem o seu sistema de crenças e significados financeiros.

O sistema de crenças é composto por três modalidades de crenças. A primeira são as crenças simples, a segunda são as crenças compostas e a terceira são as crenças bases ou crenças primais do indivíduo. Vamos começar por restaurar as crenças financeiras simples.

1. CRENÇAS FINANCEIRAS SIMPLES

Essas crenças referem-se ao significado profundo que damos às palavras ligadas a dinheiro ou a tudo o que influencia nossa vida financeira. Para que você possa identificar as suas crenças financeiras simples e reprogramá-las, criando novas crenças fortalecedoras, vou fazer um exercício com palavras-chave ligadas ao sucesso financeiro.

Ao lado direito de cada uma delas, você vai escrever o significado profundo, aquilo que você pensa ou diz a si mesmo quando se depara com aquelas palavras ou situações no dia a dia. Por exemplo: O que você diz mentalmente para si mesmo quando chega em casa e vê em cima da mesa mais uma conta que acabou de chegar? O que você diz a si mesmo, ou a quem estiver do seu lado, quando vê um jovem em um carrão esportivo? Veja bem, **não é o significado que você gostaria que aquela frase tivesse e sim o significado negativo que ela tem para você hoje**. Essas circunstâncias lhe fazem bem ou mal? Elas o deixam inspirado ou frustrado?

EXERCÍCIO

Passo 1: Em cada item você verá uma palavra-chave ligada a seu sucesso financeiro. Escreva no campo ao lado da palavra o sentimento que ela gera em você, baseado na sua relação atual com ela.

Passo 2: Dê uma nota para o sentimento que essa palavra produz em você hoje. Se é um sentimento maravilhoso, você coloca 10. Se ela produz um péssimo sentimento, você coloca 0. Se o sentimento produzido não é bom nem mau, você coloca uma nota intermediária.

Vamos a um exemplo com as palavras "Contas a pagar". Qual sentimento o invade quando chega em casa e vê mais uma conta? Qual a nota para esse sentimento? Vamos supor que receber contas a pagar é um acontecimento que o deixa ansioso e com dúvida se será capaz de arcar com essa despesa e que, por isso, a nota escolhida seja 3. Dessa forma, o quadro será preenchido da seguinte maneira.

EXEMPLO

PALAVRA/CIRCUNSTÂNCIA	SENTIMENTO	NOTA
CONTAS A PAGAR	EU ME DESESPERO QUANDO VEJO CADA NOVA CONTA A PAGAR	3

Passo 3: Depois de cada quadro, eu apresento um bom significado para a palavra em questão e duas linhas em branco. Dê sequência e escreva outros dois significados positivos nas linhas disponíveis.

EXEMPLO

PALAVRA FINANCEIRA	SENTIMENTO	NOTA
CONTAS A PAGAR	EU ME DESESPERO QUANDO VEJO CADA NOVA CONTA A PAGAR	3

1. Cada conta que me chega foi um bem ou serviço que adquiri e isso é maravilhoso.
2. *Cada conta que me chega é porque adquiri algo e vou pagar com tranquilidade.*
3. *Cada conta que faço é porque sou responsável e capaz de pagá-la.*

Agora que você entendeu o que fazer, vamos para o exercício que dará sequência às mudanças de suas crenças.

PALAVRA FINANCEIRA	SENTIMENTO	NOTA
1º ABUNDÂNCIA		

1. Abundância é um estilo de vida de fazer um mundo melhor para todos.

2. _____
   _____.
3. _____
   _____.

PALAVRA FINANCEIRA	SENTIMENTO	NOTA
2º POUPANÇA		

1. Poupar é a certeza de ter o suficiente para investir e me tornar rico.
2. _____
   _____.
3. _____
   _____.

PALAVRA FINANCEIRA	SENTIMENTO	NOTA
3º INVESTIMENTO		

1. Todo rico aprendeu a investir. No início pouco, até aprender, mas investindo cada vez mais.
2. _____
   _____.
3. _____
   _____.

PALAVRA FINANCEIRA	SENTIMENTO	NOTA
4º PROSPERIDADE		

1. É consequência da maneira que eu comunico, penso e sinto. E isso tem melhorado dia a dia.
2. _____
   _____.
3. _____
   _____.

PALAVRA FINANCEIRA	SENTIMENTO	NOTA
5º FRACASSO FINANCEIRO		

1. É a certeza de que tenho de aprender algo que ainda não sei. E quando aprender, serei rico.
2. _____
   _____.
3. _____
   _____.

PALAVRA FINANCEIRA	SENTIMENTO	NOTA
6º SER RICO		

1. É um estilo de vida em que o dinheiro flui até mim. E isso já começou a acontecer.
2. _____
   _____.
3. _____
   _____.

PALAVRA FINANCEIRA	SENTIMENTO	NOTA
7º DINHEIRO		

1. É apenas uma energia que está sempre fluindo. Só preciso fazê-lo fluir para mim.
2. _____
   _____.
3. _____
   _____.

PALAVRA FINANCEIRA	SENTIMENTO	NOTA
8º PESSOAS RICAS FAMOSAS		

1. São aqueles que aprenderam a arte e técnica de atrair dinheiro para si como estilo de vida.

2. _____
   _____.
3. _____
   _____.

PALAVRA FINANCEIRA	SENTIMENTO	NOTA
9º ALGUÉM QUE FICOU RICO EM POUCO TEMPO		

1. É alguém que aprendeu muito rápido a produzir crenças de riqueza.
2. _____
   _____.
3. _____
   _____.

PALAVRA FINANCEIRA	SENTIMENTO	NOTA
10º GANHAR MUITO DINHEIRO		

1. É apenas a combinação das crenças certas e dos conhecimentos certos. Estou no caminho.
2. _____
   _____.
3. _____
   _____.

PALAVRA FINANCEIRA	SENTIMENTO	NOTA
11º DOAR DINHEIRO		

1. Só quem é rico e abundante pode e tem o suficiente para doar algo. Eu sou desse time.
2. _____
   _____.
3. _____
   _____.

PALAVRA FINANCEIRA	SENTIMENTO	NOTA
12º DIFICULDADE FINANCEIRA		

1. É o deserto que atravessamos para aprender o que não sabíamos. Estou saindo dele.
2. _____
   _____.
3. _____
   _____.

PALAVRA FINANCEIRA	SENTIMENTO	NOTA
13º INVESTIMENTOS		

1. É a maneira de fazer o dinheiro trabalhar para você e não você trabalhar pelo dinheiro.
2. _____
   _____.
3. _____
   _____.

PALAVRA FINANCEIRA	SENTIMENTO	NOTA
14º MEU EMPREGO		

1. É o local em que me dedico ao máximo, com a certeza de agir como se eu também fosse dono da empresa.
2. _____
   _____.
3. _____
   _____.

PALAVRA FINANCEIRA	SENTIMENTO	NOTA
15º SER CHEFE		

1. É o privilégio de produzir muito mais resultados para todos por meio da liderança de outras pessoas.

2. _____
   _____.
3. _____
   _____.

PALAVRA FINANCEIRA	SENTIMENTO	NOTA
16º EMPREENDEDORISMO E EMPREENDER		

1. É a ciência da persistência e o aprendizado sem fim para fazer acontecer meu sonho.
2. _____
   _____.
3. _____
   _____.

PALAVRA FINANCEIRA	SENTIMENTO	NOTA
17º MEU CHEFE		

1. É a pessoa certa para me ensinar justamente o que eu preciso e não sabia.
2. _____
   _____.
3. _____
   _____.

PALAVRA FINANCEIRA	SENTIMENTO	NOTA
18º MEU CASAMENTO E MINHAS FINANÇAS		

1. A energia positiva gerada no meu casamento me levará a patamares muito mais elevados.
2. _____
   _____.
3. _____
   _____.

PALAVRA FINANCEIRA	SENTIMENTO	NOTA
19º TER E SUSTENTAR FILHOS		

1. É sempre muito fácil quando tenho as crenças certas que estou construindo em mim.
2. _____
   _____.
3. _____
   _____.

PALAVRA FINANCEIRA	SENTIMENTO	NOTA
20º SUSTENTAR UMA CASA		

1. Será a prova do meu início de vida abundante. Por isso minha casa será grande e linda.
2. _____
   _____.
3. _____
   _____.

PALAVRA FINANCEIRA	SENTIMENTO	NOTA
21º SORTE FINANCEIRA		

1. A sorte sorri para as pessoas com bons sentimentos e foco nas coisas certas. Pessoas como eu.
2. _____
   _____.
3. _____
   _____.

Se você faz parte daquele seleto grupo das pessoas que realizam grandes coisas, você pode colocar mais três significados positivos além dos dois propostos.

A história que vem a seguir foi feita a partir de um significado positivo e adequado para as palavras-chave anteriores, que influenciam profundamente nossa vida financeira. Se pudermos incutir em cada uma delas o significado ultrapositivo que passo no texto, essas palavras e seus significados funcionarão como um manto de proteção gerador de bons comportamentos e boas decisões financeiras, alterando e tornando positivas nossas crenças sobre dinheiro e riqueza. Assim, peço que leia a história a seguir duas vezes seguidas sublinhando cada nova forma de pensar que você precisa ter.

NÃO PRECISA SER FÁCIL, SÓ PRECISA SER POSSÍVEL

O mês era fevereiro, um mês curto em que as pessoas estavam mais voltadas para o carnaval e as festas do que para fechar contratos e fazer negócios. Eduardo, um profissional de coaching, chegou em casa e viu mais algumas contas a pagar que haviam chegado pelo correio. Ele não tinha dinheiro sobrando, mas ficou contente, pois cada uma daquelas contas se referia a produtos e serviços que ele e sua esposa haviam adquirido. Sentiu-se bem e grato por ter usufruído de todos aqueles produtos e serviços. Ele e sua esposa, Laura, sabiam que dinheiro era uma energia e, como qualquer tipo de energia, fluía de um lado para o outro seguindo um fluxo, uma lógica, e que eles precisavam estar bem, tranquilos e confiantes para que estivessem prontos para que o dinheiro fosse na direção deles e não se afastasse.

Tanto Eduardo quanto Laura cresceram ouvindo seus familiares repetirem que o dinheiro é a raiz de todos os males. Isso foi tão intensamente repetido que eles passaram a acreditar nessa inverdade cruel, insidiosa e devastadora. Acredite, não foi fácil para eles mudar esse paradigma. Depois de mudá-lo, entenderam que a **abundância** era um mandamento de Deus. Eles estavam folheando a Bíblia, quando se depararam com uma passagem que dizia exatamente assim: "O ladrão veio para matar roubar e destruir. Eu (Jesus) vim para que tivessem vida e a tivessem em abundância" (João, 10:6). Eles passaram, então, a se perguntar qual era o real significado da palavra *abundância*. Logo descobriram que abundância é a capacidade de abundar ou transbordar, o que, em outras palavras, era o mesmo que ter o suficiente para si e para outras pessoas.

Com essa descoberta, perceberam que ter mais do que apenas o suficiente para viver era a possibilidade de ajudar a si e a outras pessoas, o que confirmou outra passagem bíblica que eles já conheciam: "amai ao próximo como a si mesmo" (Mateus, 22:39). Laura, a esposa de Eduardo, olhando para ele com um sorriso de paz e sem culpa por querer mais da vida, disse: "estamos livres para sermos abundantes". Eduardo, com um silêncio cúmplice, concordou com os olhos vibrantes e a cabeça cheia de novas ideias.

Por se sentirem livres em abundar, lançaram-se em cursos sobre finanças, leram muitos livros e refletiram muito sobre o tema e sobre a vida para que fosse possível mudar aquele velho paradigma herdado de seus pais. Eles entenderam que *o amor ao dinheiro* era a raiz de todos os males, e não o dinheiro em si. Afinal, é com dinheiro que alimentamos a família, construímos escolas, creches e hospitais, ajudamos os necessitados e órfãos e compramos remédios para os doentes.

Como consequência dessa nova maneira de pensar e de sentir, o casal passou a entender também que a falta do dinheiro causava muitos males e que era justamente isso, e o desacordo em como gastá-lo, o maior motivo de divórcio. Estava claro para eles: o dinheiro em si não é bom nem mau. São as pessoas que o usam que o fazem de modo bom ou mau.

A cada dia, eles entronizavam mais e mais essas novas ideias sobre dinheiro. Entendiam que dinheiro era um meio e não um fim e ter dinheiro era consequência de suas crenças e comportamentos. Sabiam também que podiam usar o dinheiro com sabedoria, pois ele era necessário para viverem com paz e ajudar outras pessoas. Se o dinheiro não traz felicidade, a falta dele pode trazer até o desespero.

O mais importante era que, mesmo com aquelas contas a pagar, eles continuavam **poupando**. Ainda que pouco, naquele momento, mas sempre poupando. Aquela poupança não era para uma viagem e sim para investirem consistentemente em terrenos na periferia da cidade. O histórico apontava que eles teriam ganhos 15% acima da inflação anual. Para conseguirem investir, haviam refeito seu orçamento familiar, diminuído todas as contas e até vendido um dos carros, pois estavam comprometidos a pagar todas as contas em dia e, ainda, a se pagar primeiro, ou seja, de tudo o que recebiam, tirariam 5% para colocar imediatamente no cofre de casa.

Ao se verem agindo diferente e pensando diferente, sabiam que as **dificuldades financeiras** estavam cada vez mais distantes. Entendiam que todas as adversidades que haviam vivido nos últimos anos eram consequências de suas escolhas erradas. Eles estavam certos de que haviam colhido o referente a uma plantação de má qualidade. Porém, depois de suas mudanças, eles colheriam prosperidade. Era questão de persistência e de agir na direção certa. Diante de cada resultado que tinham, eles repetiam um ao outro: "Cada um tem o que merece. Cada um tem a vida que merece".

Eduardo e Laura sabiam que **prosperidade** era um estado de espírito de abundância, uma maneira de pensar e viver onde sempre se tem o suficiente para si e para ajudar ao próximo. Porém, nem sempre foi assim. Antes eles se viam escassos e limitados e acreditavam que **doar** era uma verdadeira burrice. "Doar e ajudar os outros para quê? Se quem precisa de ajuda sou eu", repetia Eduardo para todas as pessoas que lhe pediam ajuda.

Entretanto, quando sua consciência mudou, quando sua autoimagem não era mais de uma pessoa pobre e limitada, ele simplesmente não conseguiu mais reter, ele precisava ajudar pessoas, ele precisava manifestar toda a gratidão que explodia dentro dele. Ele precisava compartilhar o que ganhava com quem não tinha, afinal, era impossível ser verdadeiramente rico e abundante sem contribuir com a vida dos desvalidos ou necessitados.

Com seu orçamento familiar refeito e as contas sob controle, ele passou a doar 10% de tudo o que ganhava. Primeiro, ele pagava a si mesmo e, em seguida, doava para quem de fato necessitasse. Podiam ser órfãos, doentes, famintos. Ele sempre tinha a pessoa ou instituição certa para ajudar. Essa foi a melhor maneira de demonstrar a gratidão que sentia pelo que estava vivendo e pelo que ainda viveria. Como estava se sentindo bem! Como se sentia valoroso, abundante e capaz!

Estava claro para eles que a vida de uma pessoa rica era feita de escolhas e nem sempre eram escolhas fáceis. Certa vez, Laura saiu com uma amiga para passear em um shopping. Já na primeira loja, a amiga viu uma bolsa e imediatamente a comprou. Minutos depois, viu uma sandália e novamente a comprou. Na terceira compra, a amiga gastadora questionou: "Você não vai comprar nada?". Ao que Laura respondeu: "Eu só tenho aqui 400 reais dinheiro que eu e Eduardo vamos doar para a creche". Sua amiga retrucou: "Então compre com cartão de crédito".

Mesmo com a insistência da amiga, Laura manteve-se firme e decidida em cumprir seu propósito de doar e firme ao seu orçamento. A cada investida, ela repetia mentalmente duas frases que havia aprendido em um curso de finanças pessoais comigo: "Pessoas equilibradas vão às lojas comprar algo de que, de fato, precisam e pessoas carentes vão às lojas comprar algo para se sentirem bem". A segunda frase era: "Riqueza é ausência de necessidade". De fato, ela não sentia que precisava nem de sapatos, muito menos de bolsas novas.

Se isso acontecesse tempos atrás, Laura se sentiria muito mal e inferior, mas agora era tudo diferente. Por incrível que pareça, ela se sentia bem, feliz, plena e rica. Ela lembra da época em que via uma outra mulher em um carro de luxo, cheia de sacolas de grifes ou usando joias lindas, e, além de sentir uma inveja terrível, se sentia inferior. Agora era diferente. Ela admirava as **pessoas ricas**, ela sentia-se bem na companhia delas. Quando alguém criticava uma pessoa rica, ela fazia a defesa: "Ser rico não é um crime", dizia ela aos acusadores.

O fato é que agora ela era um deles. Ela tinha bons motivos para defender pessoas ricas e dizia: "Todo rico paga imposto nas suas compras e nas suas empresas. Se alguém se tornou rico é porque pagou o preço que a maioria das pessoas não está disposta a pagar, por isso criticam".

Laura e Eduardo estavam vivendo muitas mudanças internas e outro tanto de mudanças externas. Dentre as mudanças internas, a forma grata de ser e olhar para tudo era, certamente, a mais forte de todas.

Em um domingo, Laura havia acordado mais cedo e, olhando o dia que raiava, fez uma retrospectiva de seu **emprego**, que tanto odiou e no qual já se sentiu explorada, mal remunerada e sobrecarregada. No entanto, agora, depois de tantas mudanças, ela via com clareza que estivera contaminada com um "vírus" da insatisfação e da autopiedade. Era esse mesmo vírus emocional que trazia pobreza e limitação para ela, o marido e tantas outras pessoas que conhecia.

 Antes, ela pensava de forma pobre e vitimada, colocando-se como refém da vida e das circunstâncias e culpando alguém ou alguma circunstância pelos seus fracassos ou pela falta de sucesso. Contudo, agora ela olhava para **seu emprego** com toda a gratidão. Era dali que ela tirava o seu sustento. Foi essa empresa que lhe deu oportunidade, foi onde ela fez treinamentos e aprendeu a ser gerente. Quanto ao salário, que ela julgava ser baixo, era valor de mercado, a carga horária era a mesma em qualquer empresa e o fato de se sentir sobrecarregada, na verdade, vinha de sua insatisfação. De fato, aquela empresa não era perfeita. Afinal, quem é perfeito? Qual empresa é perfeita? Que marido ou esposa é perfeita? Que funcionário é perfeito? O problema estava na sua incapacidade de focar no que era importante e produtivo. Nessa manhã estava tudo claro: "Eu era viciada em reclamação e insatisfação", disse ela ao marido. Agora eles entendiam que esse vício emocional era a raiz de todo um histórico de fracassos financeiros e planos frustrados. Naquela mesma manhã de domingo, a sua primeira ação foi escrever cartas de gratidão e reconhecimento ao **seu chefe** e ao **dono da empresa**. Foi um momento de redenção e de reconciliação consigo mesma e essa atitude vinha coroar aqueles últimos seis meses em que ela se transformara de uma funcionária mediana e sem reconhecimento para a mais reconhecida da empresa, tendo recebido duas promoções salariais e uma promoção de cargo. Para Laura e Eduardo, tudo estava muito claro: "Está tudo dentro de nós. O sucesso e o fracasso são subprodutos de como nos sentimos e agimos".

 Ter dinheiro mais do que suficiente na conta bancária e em patrimônio era um caminho sem volta. Agora, sim, eles entendiam por que pessoas ricas de verdade agiam daquela maneira e compreendiam por que aquele amigo de faculdade teve tanto sucesso em sua empresa e em pouco tempo já tinha amealhado tanto patrimônio.

 Apenas seis meses depois de terem começado essa jornada de prosperidade financeira e de vida, o casal via com toda a nitidez que a união e o amor entre eles só haviam aumentado. Passaram a viver em outro patamar de companheirismo e intimidade e agora se sentiam completamente capazes de arcar com as despesas de **ter filhos**. Eles sabiam que seria uma casa cheia de amor, harmonia e abundância.

A combinação dessas palavras e seus significados forma uma mentalidade financeira de prosperidade e essa nova mentalidade é capaz de produzir novas crenças, ou seja, novas sinapses neurais. Com esses novos significados, surgem novas crenças capazes de redirecionar atitudes, interpretações, escolhas e fundamentalmente novos resultados.

A pergunta que fica é: quais os novos significados que você conseguiu dar à sua vida financeira, profissional e emocional em relação a tudo que acontecia com você?

2. CRENÇAS COMPOSTAS

Ao contrário das crenças simples, que são formadas apenas por uma ou duas palavras e seus significados, as crenças compostas são frases inteiras com significados completos em si. Da mesma maneira que precisamos identificar as palavras e suas crenças financeiras limitantes incutidas nelas para, em seguida, introduzir novos significados a cada uma, precisamos também identificar as frases que contêm em si aprendizados e comandos financeiros limitantes.

> **O significado mais profundo que você dá à riqueza, ao dinheiro e a tudo relacionado a ele vai atraí-lo ou afastá-lo de você.**

EXERCÍCIO

Passo 1: Nas linhas "A", relacionei frases tradicionais de pessoas com crenças financeiras limitantes e que, consequentemente, produzem resultados limitantes na própria vida. Peço que você dê uma nota de 0 a 10 para cada frase. Se essa frase não se parecer de maneira nenhuma com sua maneira de pensar e crer, você dá nota 0 a ela. Se essa frase representa completamente a sua maneira de pensar e crer, você dá nota 10. E assim proporcionalmente a cada uma delas.

Passo 2: As linhas "B" apresentam frases contendo crenças financeiras **positivas** que são justamente o oposto às frases limitantes. Leia cinco vezes cada uma delas.

Passo 3: Você lerá em voz alta as linhas "a", "b", "c", "d" e "e" com o objetivo de questionar e desafiar os velhos pensamentos. **Coloque de fato uma entonação de dúvida ao ler cada uma dessas frases.**

1A. Tenho de trabalhar duro para ter dinheiro suficiente para viver.
   Nota:_____
1B. Trabalhando com inteligência e sabedoria terei mais do que o suficiente para viver.
   a) Quem disse que tenho de trabalhar duro para vencer?
   b) Que autoridade máxima essa pessoa tem para afirmar isso?
   c) Conhece ou ouviu falar de alguém que, a partir de escolhas e atitudes inteligentes, conseguiu ter o suficiente para viver e ser feliz? Quem?
   d) O que você pode fazer diferente para ter mais do que o suficiente para viver sem ter de sofrer para isso?
   e) Uma pesquisa da *Forbes* aponta que bilionários trabalham as mais diferentes cargas horárias. Você sabia que aproximadamente 2% dos bilionários trabalham menos de 4 horas semanais e 10% trabalham até 20 horas semanais? Já 29% trabalham 40 horas semanais; Outros 29% trabalham até 60 horas semanais e outros 30% trabalham mais de 60 horas semanais. (Geromel, 2015).

2A. Sem sofrimento e perdas não há ganho.
   Nota:_____
2B. Como milhares e milhares de pessoas, eu também trabalho com prazer e alegria e tenho ganhos imensos mantendo minha qualidade de vida.
   a) Quem disse que sem sofrimentos e perdas não há ganhos?
   b) Por que alguém pensaria assim?
   c) Tem de fato de haver perdas e sofrimento para se ter ganhos?
   d) Quem eu conheço que teve ganhos pequenos e grandes sem sofrimento e perdas?

e) E se o sofrimento e as perdas fossem pontuais e passageiros e os ganhos fossem eternos, valeria pagar o preço?

3A. **Tenho de ser rico para ser feliz.**
Nota:_____
3B. Independentemente de quanto eu ganho ou tenho, sou extremamente feliz.
a) Quem disse que para ser feliz tenho de ser rico?
b) Será que não é o contrário? Para ser rico preciso primeiro me sentir feliz? O que os cientistas dizem a esse respeito?
c) Se hoje me sinto dessa maneira, como me sentirei quando for rico(a)?
d) O que faria uma pessoa feliz mesmo sem nenhum patrimônio?
e) Existem pessoas ricas e felizes ao mesmo tempo? E o contrário?

4A. **Dinheiro é sujo.**
Nota:_____
4B. Dinheiro é limpo e benéfico àqueles que bem o usam.
a) O que é dinheiro sujo?
b) Será que dinheiro de fato é sujo?
c) O que faz o dinheiro ficar sujo?
d) O dinheiro é sujo quando alimenta um pobre ou ajuda o necessitado?
e) O dinheiro é sujo quando é ganho com honestidade?

5A **Nunca terei dinheiro suficiente.**
Nota:_____
5B. Sempre terei dinheiro suficiente enquanto souber ganhar, investir e gastar.
a) Quem disse que não terei dinheiro suficiente? Essa pessoa é vidente ou paranormal?
b) O que preciso aprender para ter dinheiro mais do que suficiente?
c) Existem pessoas que têm mais do que o suficiente mesmo sem estudo, família nobre e vindo de condições adversas?

d) Se pessoas sem condições prosperaram, quem mais pode?
e) O que vai me tornar abundante e rico?

6A. Sou pobre, mas sou honesto.
Nota:_____
6B. Sou rico, sou próspero e sou honesto.
a) O que tem a ver ser pobre e honesto?!
b) Existem pobres desonestos?
c) Existe pelo menos uma pessoa bem-sucedida e honesta?
d) Quem disse que para ser honesto tenho de ser pobre?
e) Conheço algum pobre orgulhoso e cruel?

7A. Não sou capaz de conseguir um trabalho melhor.
Nota:_____
7B. Sim, sou capaz de conseguir um trabalho melhor, mais bem remunerado e muito prazeroso.
a) Quem disse que não sou capaz de conseguir um trabalho melhor?
b) Existem pessoas como eu com um trabalho melhor do que o meu?
c) O que preciso mudar em mim para ter uma trabalho melhor e com melhor remuneração?
d) O que preciso aprender e mudar para conseguir um trabalho e uma remuneração muitíssimo melhores do que tenho hoje?
e) Já conheci alguém que, depois de mudar de mentalidade, passou a ter tudo dando certo em sua vida? É possível?

8A. Não sei quando vou morrer. É melhor gastar tudo agora.
Nota:_____
8B. Sei que ainda viverei muito, por isso gasto meu dinheiro com sabedoria.
a) Vou viver muitos anos ou poucos anos? Quem sabe?
b) Como vou ganhar, gastar e investir meu dinheiro já que não sei quando vou partir?
c) Como uma pessoa sábia se relacionaria com o dinheiro neste aspecto?

d) Posso viver 90 anos com lucidez e vigor? E mais do que isso?
e) Se gastar tudo agora, como será meu futuro na fase madura da vida?

9A. **Se eu não tiver bens para mostrar aos outros, não terei valor próprio.** Nota:_____
9B. Sou uma pessoa valorosa e vitoriosa, independentemente dos bens que possuo e mostro.
   a) O que define meu valor próprio?
   b) Existem pessoas que me amam e admiram pelo que sou e não pelo que tenho?
   c) Eu me admiro e me amo mais pelo que sou ou mais pelo que faço e tenho?
   d) O que preciso mudar em mim para o que sou ser mais importante do que aquilo que tenho?
   e) Se eu perdesse tudo, alguém ainda gostaria de mim?

10A. **Não sou capaz de cobrar o justo pelo meu trabalho.** Nota:_____
10B. Sei cobrar o valor justo pelo trabalho que realizo.
   a) O que me impede de cobrar o justo pelo meu trabalho?
   b) Se eu pudesse cobrar o justo pelo meu trabalho, como eu agiria e quanto cobraria?
   c) Se não consigo cobrar o justo pelo meu trabalho, é pelo meu nível de merecimento ou pela qualidade do meu trabalho?
   d) Quem eu conheço que cobra o justo ou até mais pelo seu trabalho?
   e) De forma concreta, o que me impede de cobrar mais pelo meu trabalho?

11A. **Não sou merecedor de coisas boas, nem de mais dinheiro.** Nota:_____
11B. Sou merecedor de coisas maravilhosas e muita abundância financeira.

a) Quem disse que não sou merecedor de mais dinheiro?
b) O que aconteceu no meu passado para eu achar isso?
c) O que existe de tão ruim em mim para não me fazer merecedor de mais dinheiro?
d) E se eu doar 10% de tudo o que ganho, isso muda?
e) O que acontece quando pessoas fazem bom uso de seu dinheiro?

12A. **Os outros são melhores do que eu. Por que terei sucesso?**
Nota:_____
12B. Eu sou vitorioso e dedicado e isso me faz ter muito sucesso e dinheiro. Somos todos iguais, o que nos diferencia são nossas escolhas, atitudes e vontade de mudar.
a) Quem disse que os outros são melhores do que eu? Fui eu mesmo ou outra pessoa?
b) E em que critérios essas pessoas são melhores do que eu?
c) Em que aspectos posso ser uma pessoa ainda melhor?
d) É possível eu ser uma pessoa extraordinária e não perceber?
e) Como posso me tornar perito no que faço?

13A. **Dinheiro não é importante. Amar, sim, é importante.**
Nota:_____
13B. Dinheiro é muito importante e gastá-lo com sabedoria é mais importante ainda.
a) Quem disse que dinheiro não é importante? Essa pessoa disse isso porque não tinha nada ou porque tinha muito?
b) Será que quem diz isso o faz como uma desculpa por se sentir incapaz de ter dinheiro?
c) Posso manter um lar, um casamento e filhos sem dinheiro suficiente?
d) Se eu for muito rico ajudarei muitas pessoas? Isso é importante?
e) O que de grandioso e relevante pode ser feito no mundo sem dinheiro?

14A. A água só corre para o mar. Dinheiro só vai para quem já tem.
Nota:_____
14B. Eu estou conectado com a abundância de Deus e com o melhor do meu potencial. E onde eu estou, o dinheiro vem sempre atrás de mim e eu o recebo.
a) Quem disse que dinheiro só vai para quem já o tem?
b) Quantos casos de pessoas pobres que se tornaram ricas eu conheço?
c) É possível uma pessoa prosperar em meio à adversidade?
d) É possível que eu prospere e conquiste o sucesso financeiro?
e) Quanto vale uma grande e inovadora ideia? E o empreendedorismo?

15A. Não mereço ter sucesso.
Nota:_____
15B. Sim, eu mereço ter muito sucesso.
a) Quem disse que não mereço ter sucesso?
b) Por que eu não mereceria ter sucesso? Pela minha origem social, raça, orientação sexual?
c) O que aconteceu no meu passado para eu pensar assim?
d) É possível mudar esse aspecto na minha vida?
e) Quem define se mereço ou não ter sucesso?

16A. Não se pode confiar em ninguém.
Nota:_____
16B. Sim, existem pessoas certas para confiar, fazer parcerias e ganhar muito dinheiro.
a) Existe alguém confiável neste mundo?
b) Em quem eu posso confiar?
c) Quanto eu próprio sou confiável?
d) Como identificar as pessoas confiáveis?
e) Quem são as pessoas e até que ponto posso confiar em cada uma delas?

17A. **Sou assim mesmo. Fazer o quê, né?**
Nota:_____
17B. Eu escolho quem quero ser, pois sou um aprendiz da vida. Sou livre para mudar quem sou e me tornar uma pessoa ainda melhor a cada dia.
  a) Quem disse que não posso mudar? Sabia que a neurociência prova que pessoas podem mudar qualquer crença que possuam, inclusive a financeira?
  b) Conheço alguém que mudou seu jeito de ser e prosperou? Alguém que era pobre ou fracassado e ficou rico e próspero?
  c) Conheço ou ouvi falar de alguém que, por meio de suas ideias ou seu trabalho, ficou rico?
  d) Como mudar minhas crenças de capacidade para melhor?
  e) É verdade que nasci assim e vou morrer assim? O que meus filhos pensariam de mim?

18A. **Dinheiro não traz felicidade.**
Nota:_____
18B. Dinheiro quando bem utilizado faz a mim e ao mundo melhor.
  a) O que o dinheiro pode trazer de bom para minha vida?
  b) Quais são as vantagens de se ter dinheiro de sobra?
  c) Como posso ajudar minha família tendo dinheiro de sobra?
  d) Como posso usar o dinheiro para fazer um mundo melhor?
  e) Se dinheiro não me faz feliz, o que eu sentiria se tivesse contas atrasadas?

19A. **Dinheiro não dá em árvores.**
Nota:_____
19B. Dinheiro dá em árvores ou em qualquer lugar onde eu o plantar ou procurar.
  a) Quem disse que dinheiro não dá em árvores? E as frutas, onde nascem?
  b) Quem disse que a minha sorte financeira não pode mudar?
  c) Conheço alguém que mudou o rumo financeiro da própria vida para melhor de uma hora para a outra?

d) Existe alguém que ganha dinheiro com facilidade e abundância?
e) Como é a vida das pessoas para quem o dinheiro dá em árvores?

20A. **Não tenho. Não posso. Está pensando que a vida é fácil?**
Nota:_____
20B. Sim, eu tenho dinheiro, muito dinheiro e minha vida financeira é fluida e próspera.
a) Quem disse que a vida tem de ser difícil?
b) Quem disse que não posso?
c) Quem disse que a vida não era fácil? É assim para todos?
d) Será que o que já tenho como família, saúde e amigos já não é uma riqueza incontável?
e) Que pensamentos correntes em mim fazem minha vida parecer difícil?

21A. **Pessoas ricas não herdam o reino dos céus.**
Nota:_____
21B. Quem define a entrada no reino dos céus não é o fato de ser rico ou pobre, mas sim o caráter e a conexão com Deus.
a) Quem disse que pessoas ricas não herdam o reino dos céus?
b) Quem herdará o reino dos céus: um rico humano, caridoso, conectado a Deus ou uma pessoa pobre, mau-caráter, cruel e zombadora de Deus?
c) O que uma pessoa rica pode fazer para merecer entrar no reino dos céus?
d) Bill Gates e Warren Buffett doaram juntos mais de 50 bilhões de dólares de suas fortunas pessoais. Quanto o pobre doou?
e) Eu de fato entendo o que quer dizer que o camelo não pode passar pelo buraco da agulha?[14]

---

[14] Na Bíblia, no livro de Mateus (19:23, 24) está escrito: "Disse Jesus aos seus discípulos: Em verdade vos digo que é difícil entrar um rico no reino dos céus. E, outra vez vos digo que é mais fácil passar um camelo pelo fundo de uma agulha do que entrar um rico no reino de Deus". Lendo apenas essa passagem, pode-se pensar

22A. É bonito, é legal ser pobre e "superar" problemas financeiros.
Nota:_____
22B. É bonito e legal ser rico e ajudar as pessoas que precisam dos meus dons e recursos.
  a) Para quem é bonito eu ser uma vítima da vida?
  b) Qual a verdadeira vantagem de ser pobre?
  c) O mundo seria melhor cheio de pessoas abundantes ou de pessoas carentes financeiramente?
  d) E se todas as pessoas tivessem mais que o suficiente para viver, como seria o mundo?
  e) Em que contexto superar problemas me faz uma pessoa melhor e como seria minha vida sem problemas financeiros?

23A. Todo rico é mau ou desonesto.   Nota:_____
23B. Existem ricos honestos e bons. Eu sou um deles.
  a) Quem me disse que todo rico é mau e desonesto?
  b) Quanto essa pessoa de fato tem certeza disso?
  c) Será que existe pelo menos um rico honesto e digno?
  d) Quem dá emprego às pessoas? Os pobres ou os ricos?
  e) Já ouviu falar de alguém rico e honesto?

3. CRENÇAS FORMADORAS DO INDIVÍDUO

Ao nascer, a criança traz todo um direcionamento genético e hormonal de estatura (baixa ou alta), cor da pele (clara ou escura), cabelos (crespos ou lisos), gênero (homem ou mulher). Até a personalidade é tida em boa parte como genética. Outro tanto de informações a criança traz ao nascer em forma de instintos. Porém, todo o resto vem do aprendizado de tudo o que ela presenciou, em especial nos 12 primeiros anos de vida, vendo, ouvindo e sentindo.

---

que é impossível que o rico chegue ao Céu, porém deve-se levar em consideração o contexto histórico. Naquela época, as cidades eram muradas e havia portões grandes — para a passagem de animais, caravanas, exércitos, mercadorias etc. — e portões pequenos, para as pessoas. Para aumentar a segurança, somente os portões pequenos ficavam abertos à noite. A esses portões dava-se o nome de "agulha" e é a essa agulha que o trecho bíblico refere-se e não à de costura.

A criança aprende a andar vendo outras pessoas andarem. Como também aprende a falar ouvindo e vendo outras pessoas falarem. As crianças, diferentemente dos adultos, aprendem em quantidade e velocidade surpreendentes. São verdadeiras esponjas que absorvem absolutamente tudo que lhes chega de forma sensorial.

Não é raro casos de crianças que foram abandonadas pelos pais e acabaram adotadas e criadas por animais, como lobos e cães selvagens[15]. Em todos os casos essas crianças passaram a andar de quatro, comer, agir e também rosnar tal qual seus "pais adotivos". Afinal, foram esses os estímulos aos quais essas crianças foram expostas na época de maior formação do aprendizado, que é a infância.

As privações financeiras, dívidas, falta de patrimônio, baixa remuneração, dependência financeira, altos e baixos, cobradores na porta, trabalhar muito e ganhar pouco, falta de crescimento, como também todo o sucesso e prosperidade foram também aprendidos majoritariamente na infância. Porém, ficam as perguntas: Aprenderam onde? Aprenderam com quem? E de que maneira aprenderam esse padrão financeiro?

As crenças são incutidas nas pessoas de duas maneiras: por estímulos sensoriais sem muito peso emocional, no entanto, repetidos ao longo do tempo, e por meio de estímulos pontuais, porém sob forte impacto emocional. O que estou afirmando é que nos tornamos a soma dos estímulos visuais, auditivos e sinestésicos que recebemos ao longo da vida, mas principalmente na infância.

Em outras palavras, tudo o que você presenciou vendo, ouvindo e sentindo foi se tornando verdade. Passamos a viver de acordo com essas novas "verdades". Se vi meu pai desesperado, tenso, nervoso para pagar as

---

[15] Um caso recente e documentado de uma criança encontrada vivendo nessas condições é o da ucraniana Oxana Oleksandrivna Malaya. Oxana foi deixada em um canil, onde viveu durante cerca de cinco anos. A menina adquiriu hábitos como andar de quatro, latir e comer carne crua. Quando a situação foi denunciada por um vizinho, Oxana já tinha 8 anos e não sabia falar. Após acompanhamento, a moça aprendeu a falar, andar de pé, comer com as mãos, entre outros comportamentos humanos, mas ainda se sente mais à vontade com hábitos caninos. Ela hoje vive em uma clínica para pessoas com deficiência mental.

contas em casa, escondendo-se de cobradores, essa minha percepção vai criando um significado e com ele se estrutura uma crença com seus aprendizados. Se ouvi meu pai falar que dinheiro não dá em árvores, que não é fácil ganhar dinheiro, que a vida é difícil, essas palavras se armazenaram em minha mente em forma de verdades.

Como toda programação mental, passo a viver em função dessas novas informações e aprendizados. Se, sistematicamente, sou privado de coisas básicas, como um tênis, uma blusa simples, ou se meus amiguinhos têm brinquedos, roupas, bens que não possuo e fazem passeios que eu não faço, isso também provoca sensações de privação, incapacidade ou de não merecimento. Novamente, passo a observar o mundo como um lugar difícil, onde dinheiro é algo escasso (pelo menos para mim) e não posso, não devo ou não mereço viver esse estilo de vida abundante.

Dessa maneira, tudo relacionado a dinheiro passa a ter um significado para aquela criança. E esse significado produz comportamentos e hábitos financeiros, que no futuro vão determinar o estilo de vida abundante, mediano ou escasso daquele adulto.

Levando em conta que nosso sistema de crenças financeiras foi criado por tudo o que você viu, ouviu e sentiu durante a vida, mas principalmente na infância, restam-me algumas perguntas: Quais crenças financeiras foram inculcadas na sua mente? Crenças de abundância ou escassez financeira? Crenças de possibilidade ou impossibilidade? Crenças de liberdade financeira ou de prisão?

Outra maneira de perguntar as mesmas coisas é: Qual o patamar financeiro em que você vive hoje? Superior, intermediário ou inferior? Afinal, você vive hoje o patamar financeiro correspondente às crenças que absorveu no passado.

Talvez você esteja vivendo preso no patamar financeiro intermediário e querendo alçar voos muito mais altos, mas não consegue. Será que você está vivendo num atoleiro financeiro cheio de dívidas, prestações atrasadas e sendo chamado de mau pagador ou até de caloteiro? Ou, quem sabe, vivendo em um patamar superior, porém baseado em uma riqueza que na verdade não é a sua, usufruindo do dinheiro do cônjuge ou da riqueza dos pais, mas, dentro de você, seu coração ainda o acusa de ser pobre?

Muitas pessoas acreditam que, como na Índia, estamos vivendo em castas nas quais não existe nem é permitido mobilidade social, em que pobre será sempre pobre e nobre será sempre nobre. Meu avô foi prova de que, pelo menos no Brasil, isso não é verdade. Alderico Silva era seu nome, ele nasceu em um lar tão pobre que, aos 8 anos, precisou vender bolinhos e refeições na estação de trem para ajudar a sustentar os nove irmãos.

Mesmo com pouco estudo, tornou-se um dos maiores empresários do Maranhão da sua época. Teve indústrias de óleo, hospital, telefônica, revendas de automóvel, magazines. Até a década de 1970, ele já havia dado três voltas ao mundo. Lembro-me de, quando pequeno, minha avó chegar em nossa casa com os presentes dos destinos internacionais que haviam visitado.

Ele sempre viajava para o Rio de Janeiro, onde tinha um apartamento em Copacabana, e para São Paulo para pesquisar inovações e novas tendências para implantar em suas empresas. Quantos exemplos você mesmo conhece de pessoas que ascenderam financeira e socialmente? Quantos outros exemplos de pessoas que nasceram em berço de ouro e perderam tudo? O fato é que essa mobilidade social e financeira também é explicada pela neurociência por meio da plasticidade neural. É ela que confere ao cérebro a possibilidade de mudanças e aprendizados profundos a qualquer época da vida.

De forma metafórica, a plasticidade neural nos mostra que pau que nasce torto não tem de morrer torto. Pessoas como meu avô, que nascem pobres, não precisam morrer pobres. A ciência diz e prova que o cérebro humano pode fazer novas sinapses neurais e, com elas, registrar novos e profundos aprendizados sobre quaisquer coisas em qualquer fase da vida. Ou seja, podemos mudar nossas crenças sobre riqueza e sobre nós mesmos e viver a partir de agora uma nova época e uma nova história. Não importa quão ruim ou quão boa está sua vida financeira agora, pois, como costumo bradar, o melhor ainda está por vir!

Tenho visto a prova da plasticidade neural quase diariamente na vida dos alunos tanto do Coaching for Money® quanto do Fator de Enriquecimento®. Esses alunos são expostos a estímulos poderosos que produzem profundas sinapses neurais e consequentemente novas crenças e, junto com elas, novos comportamentos e novos resultados de vida.

Ao contrário das crenças financeiras simples e das crenças financeiras compostas, as crenças formadoras do indivíduo são extremamente profundas, porém genéricas, podendo interferir em várias áreas da vida. Elas definem o potencial humano e as suas conquistas. As crenças formadoras do indivíduo se dividem em três categorias principais: crenças de identidade (SER), capacidade (FAZER) e merecimento (TER).

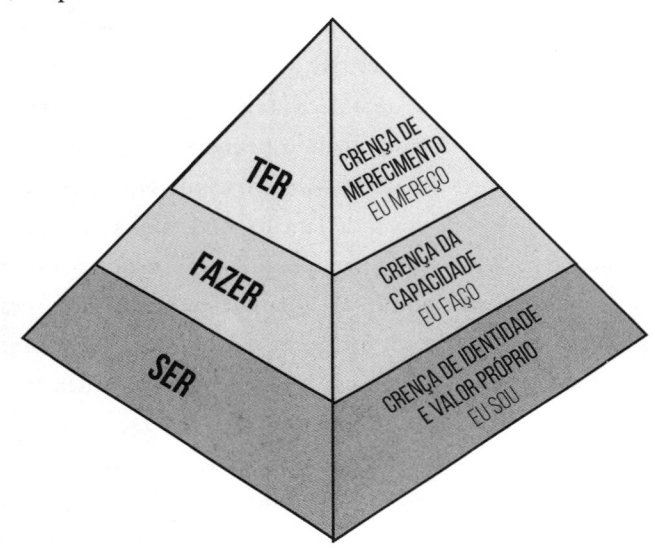

A primeira crença, extremamente determinante, é a que define a identidade da pessoa, que chamamos de **crenças de identidade** ou crenças do "eu sou". Ela é composta pelo conjunto de características pessoais de cada pessoa. As crenças de identidade não são o que a pessoa diz que é ou gostaria de ser, e sim as características que moldam nossa autoimagem profunda, a maneira inconsciente pela qual percebemos a nós mesmos e, assim, determina nossas escolhas, decisões e percepções do mundo ao nosso redor.

Essas características interferem direta ou indiretamente na área financeira, porém, de uma maneira ou outra, são elas que definem quem a pessoa é em relação a si, em relação aos outros, em relação ao mundo e em relação ao dinheiro e à riqueza. Quando todas essas características se unem de forma combinada, formam a identidade macro do indivíduo. A partir dessa autoimagem, são produzidas nossas escolhas, decisões e resultados.

3.1 CRENÇAS SOBRE A IDENTIDADE FINANCEIRA: O "EU SOU" FINANCEIRO

São as crenças que interferem diretamente na autoimagem financeira do indivíduo. Uma boa metáfora para explicar as crenças de identidade é uma grande estátua composta por inúmeros tijolos, em que cada tijolo é uma característica positiva ou negativa. Obviamente, os tijolos expostos na parte externa da estátua são mais fáceis de perceber, porém também existem tijolos na parte de dentro da estátua que determinam sua força e sustentação. Esses tijolos são menos percebidos, porém não menos importantes do que os que estão do lado de fora da estátua.

Quais são as características expostas e óbvias de sua identidade financeira que você e as pessoas ao seu redor percebem com facilidade? Quais são as características sobre quem você é no aspecto financeiro de que nem mesmo você tem consciência e que o aprisionam em um patamar financeiro inferior?

A seguir, faço uma relação de características pessoais financeiras importantes. Do lado esquerdo estão as características financeiras positivas, e do lado direito estão as características negativas e limitantes. Perceba que as seis primeiras características são diretamente ligadas à riqueza e à prosperidade financeira. As características seguintes não falam abertamente de dinheiro ou riqueza mas influenciam indiretamente a vida financeira do indivíduo. Peço que marque cada uma na proporção de quem você sinceramente acredita ser.

Por exemplo: se você se vê completamente rico em seus termos, vivendo de forma realmente abundante, marque 10 no lado esquerdo. Se você se vê levando uma vida financeira mediana, marque 0. E se você está vivendo uma vida completamente precária e cheia de limitações financeiras, marque −10. E assim por diante.

Lembre-se de que é uma autoavaliação, por isso fuja do autoengano para mais ou para menos. Essa avaliação se resume a como você **se vê neste momento** e não como você de fato está vivendo financeiramente. Talvez você esteja vivendo uma transição e esteja se sentindo rico mesmo sem dispor de recursos financeiros. É essa nota que contará.

Se tiver dúvidas em se avaliar, fique à vontade em pedir ajuda e recorra a pessoas que o conheçam bem para tornar sua autoavaliação o mais precisa e real possível.

EXERCÍCIO

Marque na régua de avaliação as crenças de identidade de como você se vê no aspecto financeiro.

CARACTERÍSTICAS DE IDENTIDADE FINANCEIRA

RICO	10 9 8 7 6 5 4 3 2 1 0 −1 −2 −3 −4 −5 −6 −7 −8 −9 −10	POBRE
VALOROSO	10 9 8 7 6 5 4 3 2 1 0 −1 −2 −3 −4 −5 −6 −7 −8 −9 −10	SEM VALOR
PRÓSPERO	10 9 8 7 6 5 4 3 2 1 0 −1 −2 −3 −4 −5 −6 −7 −8 −9 −10	SEM CONQUISTAS
VITORIOSO	10 9 8 7 6 5 4 3 2 1 0 −1 −2 −3 −4 −5 −6 −7 −8 −9 −10	FRACASSADO
BEM-SUCEDIDO	10 9 8 7 6 5 4 3 2 1 0 −1 −2 −3 −4 −5 −6 −7 −8 −9 −10	MALSUCEDIDO
ABUNDANTE	10 9 8 7 6 5 4 3 2 1 0 −1 −2 −3 −4 −5 −6 −7 −8 −9 −10	ESCASSO

Depois de preencher a régua de avaliação, fica mais fácil compreender suas crenças de identidade e responder: Quem é você? Bem-sucedido ou malsucedido? Valoroso ou uma pessoa sem valor? Abundante ou escasso?

> *"A maneira como você se vê determina suas escolhas, ações, reações e, sobretudo, os resultados que tem e terá na vida. Se você vê escassez, assim será; se você se vê abundante, assim também será."*
>
> Paulo Vieira

Responda nas linhas a seguir: Como são o estilo de vida, os ambientes, as amizades, as escolhas e os resultados de uma pessoa com as seguintes crenças de identidade: valoroso, próspero, vitorioso, bem-sucedido, abundante e honesto?

Estilo de vida:_____.
Ambientes que frequenta:_____.
Amizades pessoais:_____.
Escolhas financeiras:_____.
Resultados que obtém na vida financeira:_____.

No lado oposto, como é a vida de uma pessoa que se vê sem valor próprio, malsucedida e fracassada? Quais serão suas escolhas? Com quem ela se relacionará? Quais ambientes frequentará? Quais escolhas fará?

A mente humana busca congruência. Um igual atrai, busca e produz algo igual. Uma mulher com crença de identidade sem valor próprio buscará resultados, pessoas, ambientes ou relacionamentos parecidos com sua identidade mais profunda. Isso explica mulheres ou homens intelectualmente desenvolvidos que atraem e produzem resultados tremendos na vida financeira e fracasso em outras áreas, ou justamente o contrário. Em uma abordagem mais específica financeiramente, uma pessoa com crenças financeiras limitantes, ou seja, crenças de pobreza, tem normalmente quatro resultados a seguir:

1ª possibilidade: Essa pessoa nunca vai chegar a possuir uma vida abundante em seus termos. Sempre que melhorar um pouco, ela terá uma escolha autossabotadora e voltará para o mesmo ponto de limitação financeira. Como terei algo se me vejo como pobre ou limitado? Como conquistarei algo de valor se não me vejo como alguém de valor e consequentemente merecedor do melhor.

2ª possibilidade: Poderá crescer e conquistar algo financeiro de maior valor, porém será atacado novamente pela autossabotagem e cairá. Cada conquista financeira será acompanhada de uma queda ou perda. Esse padrão de crenças financeiras faz com que tanto seja muito difícil prosperar como manter a riqueza e o padrão financeiro. A vida dessas pessoas parece uma montanha-russa, cheia de altos e baixos, porém o fim é sempre o mesmo e ela volta para o ponto de partida.

3ª possibilidade: Essa pessoa pode até ter um patrimônio realmente alto, com imóveis, rendimentos e dinheiro aplicado em bancos, mas viverá abaixo de seus termos, sem usufruir o que poderia, entesourando dinheiro e recursos como se fosse pobre e limitada. Tudo isso pelo medo de perder o que tem e ficar pobre. Seu carro ou sua casa é abaixo de seus termos, suas viagens e seu lazer são abaixo de seus termos. Na verdade, apesar de seus recursos financeiros, essa pessoa nunca foi rica e, dentro dela, sua autoimagem é de fato de pobreza. Por isso, ela vive insegura e temendo perder o que tem ou ainda trabalhando desesperadamente buscando ter mais e mais. Infelizmente não importa quanto essa pessoa acumule de patrimônio, ela não se sentirá rica e próspera financeiramente até que reformule suas crenças.

4ª possibilidade: Essas pessoas podem possuir casas grandes, carros esportivos caros, roupas de grife e frequentar ambientes sofisticados, porém são cheias de medo, insegurança do seu futuro financeiro, por isso agem com egoísmo trazendo para elas o melhor e não compartilhando nada com ninguém, se não tiverem algo maior em troca. Esse tipo de pessoa julga o valor dos outros pelo que eles têm ou pelo que fazem e não por quem são. São pessoas escassas, que acreditam que, para alguém ganhar, outros têm de perder ou não ter.

A seguir estão as características que também determinam a vida financeira, porém de forma indireta. Quanto mais dedicado alguém é ao seu trabalho, mais fácil e provável que vença no jogo da vida. Quanto mais perseverante é um empreendedor, mais provável que tenha sucesso. O importante é que não somos condenados a continuar como sempre fomos.

"Por que continuar sendo a mesma pessoa de sempre, se posso ser alguém muito melhor?"

Richard Bandler

Como já sabemos, podemos reprogramar nossas crenças pela repetição de estímulos leves ou por meio dos estímulos sob forte impacto emocional. Porém, o primeiro passo é identificarmos as crenças, convicções e certezas que nos levam, de forma consciente ou não, a fazer as escolhas que nos aproximam e nos afastam de uma vida rica e abundante. Assim, peço que novamente assinale nas escalas a seguir onde andam suas crenças de identidade em cada umas das características. Se achar necessário, peça ajuda a pessoas que o conhecem bem para fazer essa autoavaliação.

Características de identidade de performance
Passo 1:   Marque as características que você percebe em si mesmo.

DEDICADO	10 9 8 7 6 5 4 3 2 1 0 −1 −2 −3 −4 −5 −6 −7 −8 −9 −10	NEGLIGENTE
PERSEVERANTE	10 9 8 7 6 5 4 3 2 1 0 −1 −2 −3 −4 −5 −6 −7 −8 −9 −10	NÃO PERSEVERANTE
FOCADO	10 9 8 7 6 5 4 3 2 1 0 −1 −2 −3 −4 −5 −6 −7 −8 −9 −10	DISPERSO
AUTOCONTROLADO	10 9 8 7 6 5 4 3 2 1 0 −1 −2 −3 −4 −5 −6 −7 −8 −9 −10	DESCONTROLADO
DISCIPLINADO	10 9 8 7 6 5 4 3 2 1 0 −1 −2 −3 −4 −5 −6 −7 −8 −9 −10	INDISCIPLINADO
AUTOCONFIANTE	10 9 8 7 6 5 4 3 2 1 0 −1 −2 −3 −4 −5 −6 −7 −8 −9 −10	NÃO AUTOCONFIANTE
RESILIENTE	10 9 8 7 6 5 4 3 2 1 0 −1 −2 −3 −4 −5 −6 −7 −8 −9 −10	NÃO RESILIENTE
PROATIVO	10 9 8 7 6 5 4 3 2 1 0 −1 −2 −3 −4 −5 −6 −7 −8 −9 −10	NÃO APROVEITA/CRIA OPORTUNIDADES
HONESTO	10 9 8 7 6 5 4 3 2 1 0 −1 −2 −3 −4 −5 −6 −7 −8 −9 −10	DESONESTO
FLEXÍVEL	10 9 8 7 6 5 4 3 2 1 0 −1 −2 −3 −4 −5 −6 −7 −8 −9 −10	INFLEXÍVEL
OTIMISTA	10 9 8 7 6 5 4 3 2 1 0 −1 −2 −3 −4 −5 −6 −7 −8 −9 −10	PESSIMISTA
GENEROSO	10 9 8 7 6 5 4 3 2 1 0 −1 −2 −3 −4 −5 −6 −7 −8 −9 −10	EGOÍSTA
PERSUASIVO	10 9 8 7 6 5 4 3 2 1 0 −1 −2 −3 −4 −5 −6 −7 −8 −9 −10	NÃO INFLUENTE
COOPERATIVO	10 9 8 7 6 5 4 3 2 1 0 −1 −2 −3 −4 −5 −6 −7 −8 −9 −10	NÃO COOPERATIVO
FELIZ	10 9 8 7 6 5 4 3 2 1 0 −1 −2 −3 −4 −5 −6 −7 −8 −9 −10	INFELIZ

Agora que você sabe quais são as crenças de identidade, ou seja, crenças que definem seu valor próprio e quem você é no aspecto financeiro, é capaz de entender quais delas o aproximam e quais o afastam de uma vida abundante e próspera.

Passo 2: Marque no quadro anterior as cinco características que julga mais importantes para o seu sucesso financeiro e as cinco com a pior autoavaliação, independentemente se elas são relevantes para seu sucesso financeiro ou não.

Passo 3: Agora, relacione nas linhas a seguir as cinco características que você elegeu como mais importantes para seu sucesso financeiro. Em seguida, escreva detalhadamente o momento em seu passado em que viveu com sucesso cada uma dessas características. Se faltar alguma lembrança para compor esses momentos do passado, imagine e crie os detalhes de que não consegue se lembrar (ou até imagine e crie o momento todo). O importante é que as cenas sejam positivas.

Escreva as características e o momento em que viveu plenamente e com bons resultados essas características:

Característica 1:_____.
Lembrança positiva de que vivenciou essa característica:
_____
_____
_____
_____.

Característica 2:_____.
Lembrança positiva de que vivenciou essa característica:
_____
_____
_____
_____.

Característica 3:_____.
Lembrança positiva de que vivenciou essa característica:
_____
_____
_____
_____.

Característica 4:_____.
Lembrança positiva de que vivenciou essa característica:
_____
_____
_____
_____.

Característica 5:_____.
Lembrança positiva de que vivenciou essa característica:
_____
_____
_____
_____.

3.2 CRENÇAS CONFLITANTES

Por que altos e baixos financeiros? Por que idas e vindas financeiras? Por que tantos recursos financeiros e tanto medo ou tanta privação apesar dos recursos? Por que gastar tanto sem ter o suficiente para pagar com tranquilidade e equilíbrio as contas? Por que trabalhar tanto para acumular mais e mais, se não consegue usufruir do que já tem? Por que trabalhar tanto e ganhar tão pouco?

A resposta para isso é o conflito entre as três crenças formadoras do indivíduo: crença de identidade, **ser**; crença de capacidade, **fazer**; e, finalmente, crença de merecimento, **ter**. Pode existir um conflito entre elas, como: creio **ser** uma pessoa de valor, inteligente, valorosa, bondosa, generosa, amiga, porém, não me sinto merecedor de **ter** dinheiro suficiente. Ou ainda, posso merecer **ter** dinheiro, porém não me sinto capaz de **fazer** dinheiro.

A paz, a abundância e a prosperidade financeira constantes exigem que as crenças sejam congruentes e alinhadas na mesma direção. Ou seja, a pessoa primeiramente precisa SER rica, em seguida ela precisa ter a capacidade de FAZER dinheiro e patrimônio e, consequentemente, ela passa a merecer TER riqueza, abundância e prosperidade. E você, como estão as crenças de formação do indivíduo: SER, FAZER e TER?

"Uma mente que se expande jamais volta ao mesmo lugar."
Albert Einstein

Agora, suas crenças de identidade estão alteradas e refeitas e com elas novos comportamentos e novas escolhas vão redefinir sua vida financeira. à medida que você estabelece suas crenças de identidade financeira, o conflito entre as crenças vai se dissipar ao longo do tempo.

Parabéns por mais esta nova etapa cumprida. Porém, não caia na armadilha e autossabotagem de ter chegado até aqui sem fazer os exercícios. Fique atento para não fazer parte daquele grupo de pessoas que intelectualiza tudo e não realiza nada, que leem tudo, porém não mudam comportamentos nem resultados.

Com base na leitura feita até aqui, escreva no quadro a seguir quais decisões você toma.

QUADRO DE DECISÕES

CAPÍTULO 7

AS 6 ARMADILHAS DA RIQUEZA

"Pessoas inteligentes aprendem com seus erros. Mas os mais afiados aprendem com os erros dos outros. Você não pode viver tempo suficiente para cometer todos os erros você mesmo."

Eleonor Roosevelt

#1 GUARDAR DINHEIRO PARA OS DIAS DIFÍCEIS

Começo este capítulo com uma pergunta muito importante:

É ou não é importante guardar dinheiro para os dias difíceis?

( ) sim   ( ) não

Se sua resposta foi sim, você caiu na armadilha do dinheiro para os dias difíceis. Como você já sabe de cor e salteado, são nossas crenças que direcionam nossa vida e nossos resultados, e lutar contra elas é uma batalha perdida antes mesmo da luta.

Quando você toma a decisão de guardar dinheiro para os dias difíceis, está, em primeiro lugar, dizendo para seu cérebro que os dias difíceis virão.

A segunda mensagem subliminar é que você precisará desse dinheiro guardado para gastar nesses dias difíceis. E como todo pensamento ou comportamento repetido insistentemente acaba virando uma crença e toda crença é autorrealizável, como num passe de mágica, surge um problema e lá se vai todo o seu dinheiro guardado.

Por ignorar os mecanismos mentais, o poupador para dias difíceis diz: "Ainda bem que venho guardando esse dinheiro há dez anos. Como estaria minha vida agora se eu não tivesse esse dinheiro para resolver esse problema?". Na verdade, se não tivesse o dinheiro para os dias difíceis, provavelmente o problema não teria acontecido.

O que o poupador para os dias difíceis não percebeu foi que ele repetiu uma autossugestão que produziu uma realidade. Descrevo como isso funciona na sequência abaixo:

1º Esperar por dias difíceis;
2º Poupar dinheiro para esses dias;
3º Produzir ou atrair dias difíceis;
4º Gastar dinheiro com dias difíceis.

O sucesso não está apenas no que fazemos, mas também no porquê e no como fazemos. Não há problema em ter dinheiro guardado e usá-lo eventualmente em uma emergência. O problema está em quando se estabelece uma meta de ter dinheiro para os dias difíceis. Que tal estabelecermos objetivos de termos 10 milhões de reais para comprar a casa dos sonhos, realizar a viagem dos sonhos ou montar o negócio dos sonhos e, se for necessário, usar seu dinheiro para o que quiser, até para resolver um problema em um dia difícil?

Há três anos, durante o Coaching For Money®, uma senhora me relatou que sua vida era a repetição de problemas e que ela sabia que, se não tivesse problemas no fim do ano, teria problemas no início do ano seguinte, por isso ela passava o ano todo juntando dinheiro para os imprevistos. Em seguida ela relatou a advertência que sua mãe fez durante toda a vida até no leito de morte: "Minha filha, esteja preparada, porque a vida é difícil. Quando você menos espera, os problemas surgem".

Seguindo a crença em forma de comando dado pela mãe, num ano seu filho bateu o carro e ela teve de pagar o tratamento dele e da outra pessoa envolvida no acidente. No ano seguinte, a sala e a cozinha de sua casa pegaram fogo. No outro ano, seu marido adoeceu e passou seis meses sem trabalhar como representante comercial e, por isso, ficou seis meses sem ganhar dinheiro. E, como ela mesma disse: "Graças a Deus eu tinha minhas economias para esses dias".

Depois que ela aprendeu o poder das crenças, passou a ter dinheiro para realizar seus sonhos, para comprar uma casa maior, para viajar, para aumentar sua previdência privada e qualidade de vida futura. Em março de 2016, essa senhora estava no aeroporto de São Paulo em conexão para a Itália, quando me viu e foi falar comigo. Era uma fala cheia de gratidão e conquistas, e logo ela me narrou sua história, que nem eu lembrava mais. Então, perguntei: "E como está sua vida hoje?". Foi quando ela disse que desde que parou de guardar dinheiro para os dias difíceis sua vida mudou completamente. Como ela própria falou: "Agora é só bênção, mudei de casa, estou fazendo minha segunda viagem internacional, meu filho que antes me dava muita dor de cabeça está trabalhando, meu marido está ótimo...".

E, você, ainda pensa em guardar dinheiro para os dias difíceis?

#2 FICAR RICO PELO SENTIMENTO ERRADO

Quando uma pessoa busca a riqueza pelos sentimentos certos, tanto a jornada do enriquecimento como a chegada até o sonhado pote de ouro são sempre benéficas. Porém, quando alguém busca se tornar rico pela **raiva** do que viveu no passado, pelo **medo** de viver as limitações e frustrações da pobreza novamente ou quando busca a riqueza por **autoafirmação**, para compensar o sentimento de inferioridade, não só a jornada do enriquecimento é muito dura, como também a conquista da riqueza não lhe fará nada feliz.

Não apenas por ser o coach mais bem remunerado do país mas também pela vivência de mais de 10.500 horas de sessões individuais de coaching, conheci muitas pessoas ricas. De todas elas, pelo menos 50% vieram de baixo. Com isso, comecei a identificar dois tipos de pessoas ricas: as felizes e as infelizes. As felizes eram simples e julgavam as outras pessoas não pelo que tinham, mas pelo que eram. Os ricos felizes não apenas eram dóceis como não estavam interessados em ostentar ícones de riqueza como bolsas caras, relógios de ouro, carros etc.

Já os ricos infelizes eram vaidosos, arrogantes, confiavam em suas riquezas mais do que em Deus, avaliavam as pessoas por suas posses e não pelo seu caráter. Para completar, os ricos infelizes se esforçavam para mostrar seus relógios, carros, casas como uma forma de autoafirmação. Como coach, observando esses grupos mais de perto, percebi primeiramente as motivações que levaram essas pessoas à riqueza. Invariavelmente eram os mesmos fatores que lhes fizeram buscar a riqueza: **raiva** de um passado de limitações.

Nos meus estudos e pesquisas percebi que muitas pessoas da classe alta e da classe média também se sentiram pobres e limitadas na vida. Isso se deu por terem sido ultrajadas, humilhadas, agredidas ou abandonadas pelos pais. Consciente ou inconscientemente, elas se sentiram pequenas e pobres e juraram a si mesmas nunca mais passar por aquilo novamente. Essas pessoas viram no poder do dinheiro uma forma de estar no controle de tal maneira que não vivessem novamente as dores do passado.

Vi outras pessoas buscando a riqueza por **medo**. Medo da privação, da humilhação, da limitação, medo de precisar para si e para os seus e não ter o suficiente para ajudar. Quando essas pessoas enriquecem, passam a ter medo de perder sua segurança financeira e, por isso, trabalham muito além do necessário ou se tornam pessoas avarentas e/ou egoístas.

Em geral, tornam capazes de beneficiar apenas a si mesmas com suas riquezas ou não usufruem todas as possibilidades que o dinheiro lhes fornece. Conheci um homem que tinha mais de 80 mil reais em rendimentos mensais dos seus imóveis. Por mais estranho que pareça, ele não tinha todos os dentes e se vestia como um maltrapilho. A palavra férias ou lazer, para si ou para a família, não existia no seu vocabulário. A frase que ele repetia a todos era que ele trabalhava sem férias desde os 9 anos e por isso ficou rico. "Vim do nada e hoje estou aqui, quem brinca fica pobre", dizia ele.

O terceiro erro para se tornar rico é a **autoafirmação**, ou seja, usar o dinheiro e o que ele proporciona para se mostrar como alguém melhor do que de fato acredita ser. A cabeça dessa pessoa pensa mais ou menos assim: "Já que não sou assim tão bom, vou comprar roupas dessa grife e assim vão me ver como uma pessoa melhor do que acredito ser". Ou então: "Como me vejo feio(a) e sem valor, vou comprar esse carrão ultraesportivo para que eu me torne mais bonito(a) e mais valoroso(a) aonde eu for". Ou quem sabe: "Como não sou ninguém, vou comprar esse relógio de ouro e assim todo mundo vai me dar mais atenção".

A solução, em primeiro lugar, é entender os motivos emocionais de se tornar rico e humildemente reconhecer os prejuízos que isso causa. Em segundo lugar, é estabelecer o motivo certo, conforme vimos no início do livro. Que tal querer ser rico para realizar seus objetivos profissionais? Que tal ser rico para conquistar seus sonhos mais ousados? Ou então ser rico para morar na casa dos sonhos? Ou ser rico para ajudar a muitas pessoas com escolas, creches e hospitais?

Queira ser rico pelos motivos certos. E tudo será mais fácil.

#3 CONFUNDIR PESSOA FÍSICA COM PESSOA JURÍDICA (PARA EMPREENDEDORES)

Pessoas realmente sábias financeiramente são **tão ricas quanto** suas empresas. Já as pessoas sem sabedoria financeira, mantêm a si **ou** às suas empresas ricas. Estranhamente, é muito comum empresários que roubam as próprias empresas sangrando o caixa todos os dias com retiradas para pagar suas contas pessoais. São pessoas desorganizadas, irresponsáveis e péssimas gestoras. Elas pagam as contas da empresa com seu cartão de crédito e a empresa paga o seu carro de uso pessoal, suas roupas e viagens.

A mistura das contas da pessoa física com as da pessoa jurídica não apenas gera problemas tributários, que em algum momento vão aparecer, como também faz o empresário crer que o que está no caixa da empresa pertence a ele, mas isso não é verdade. O dinheiro que está no caixa da empresa pertence aos funcionários, fornecedores e ao governo. O proprietário possui mensalmente apenas o seu pró-labore e, no fim do exercício fiscal, ele recebe os lucros (se houver, é claro).

Quando o proprietário mexe no caixa da empresa ele se torna um falso rico, vivendo fora dos seus termos, confundindo o caixa da empresa com sua carteira. Esse padrão comportamental dura até a chegada da primeira crise, quando as pessoas física e jurídica quebram e a pobreza e limitação se instalam, quase sempre de forma irremediável.

Inicie hoje um processo de profissionalização de sua empresa. Contrate a melhor consultoria organizacional, mesmo que aparentemente você não possa pagá-la. Demita todas as pessoas que você não contrataria novamente naquele momento. E, fundamentalmente, saia da zona de conforto e aprenda o que você precisa aprender para ser um ótimo gestor.

#4 ACHAR QUE NÃO TEM MUITO A APRENDER

Como já vimos, enriquecer é uma ciência exata composta por apenas três variáveis: **renda** mensal, **poupança** para investir e rentabilidade sobre os **investimentos**. Assim, os ricos são aqueles que dominam o saber nas três variáveis. Eles precisam saber como aumentar sua renda, como poupar o máximo possível do que ganham e, por fim, precisam ser *experts* em investimentos.

Se você não está disposto a dedicar tempo para aprender sobre as três variáveis, suas únicas chances de ser rico serão: receber uma herança considerável de seus pais, casar com alguém que domine as três variáveis ou ganhar uma fortuna na loteria. Então, se você não é um(a) herdeiro(a), não casou com comunhão total de bens com um(a) megamilionário(a), também não ganhou na loteria e quer prosperar financeiramente, terá que trilhar o caminho do conhecimento nas três áreas. Porém, quero fazer um alerta sobre todo processo de aprendizagem: o erro e a dúvida são etapas fundamentais em qualquer processo de construção do saber.

Desse modo, você começa a perceber que a jornada do enriquecimento não é linear. Nela, haverá idas e vindas, tropeços e paradas. Esteja preparado e disposto a não parar no meio do caminho diante das adversidades, como os perdedores fazem. Sua capacidade de continuar aprendendo, sem desistir, é que fará de você um milionário.

Tenho certeza de que você não nasceu sabendo andar, falar ou escrever. Também tenho certeza de que esse aprendizado não se deu do dia para a noite.

Olhando para o meu filho mais novo, que hoje tem 1 ano, vejo como é árduo e processual aprender a andar. O mais comum é a criança primeiro aprender a sentar, depois ela engatinha. A fase seguinte é ficar em pé com ajuda da grade do seu bercinho. Depois dessa fase, ela começa a experimentar os primeiros passos, porém eles vêm acompanhados de quedas e tropeços e de vez em quando um galo na testa.

Com o enriquecer ocorre o mesmo. Para uns que tiveram ótimos professores na infância pode ser algo bem natural, outros, porém, terão de primeiro desaprender muito do que aprenderam para depois aprender a dar os primeiros passos na direção do enriquecimento.

Lembre-se: O que você não tem é pelo que você ainda não sabe, pois se soubesse já teria. Então, seja humilde o suficiente para reconhecer que sabe muito pouco e vá em busca do que lhe falta saber.

Na minha empresa, nós temos hoje oito consultores externos nos orientando, cada um na sua *expertise*. Quanto a mim, faz 18 anos que leio quatro livros por mês, sem contar o pós-doutorado e outros cursos.

A vontade de se preparar precisa ser maior
que a vontade de vencer.

#5 PARAR NO MEIO DA JORNADA DO ENRIQUECIMENTO

Falando em não desistir, enfrentar as adversidades, aprender em qualquer situação e, sobretudo, chegar ao seu objetivo, Winston Churchill, primeiro-ministro da Inglaterra durante a Segunda Guerra Mundial, tem muito a nos ensinar. Afinal, foi ele o grande responsável pela resistência ao avanço nazista e pela vitória.

O que temos a aprender com ele? O que ele fez que podemos aplicar ao nosso sucesso financeiro? A resposta é uma: sua mentalidade. Uma mentalidade de sucesso incondicional. A determinação de fazer o que tem de ser feito em qualquer situação. Coragem de olhar a adversidade adiante e mesmo assim seguir em frente.

A seguir, transcrevi palavra a palavra do que foi considerado o discurso do século XX. No dia 4 de julho de 1940, Winston Churchill compartilhou com a Inglaterra e o mundo sua visão e determinação de vitória na guerra que já durava mais de um ano.

> **DISCURSO DE WINSTON CHURCHILL EM 4 DE JULHO DE 1940**
>
> Pessoalmente tenho plena confiança de que se todos cumprirem o seu dever e se nada for negligenciado e todos os arranjos forem feitos como de fato estão sendo feitos, provaremos que somos mais uma vez capazes de defender nossa ilha. Mostraremos que somos capazes de enfrentar a tempestade da guerra e sobreviver à ameaça da tirania e, se necessário, lutaremos durante anos e se também for necessário faremos isso sozinhos. De uma maneira ou de outra é isso que vamos fazer. Essa é a vontade de vossa majestade e de cada homem. Essa é a vontade do parlamento e da nação.
>
> Defenderemos até a morte nosso solo ajudando uns aos outros como bons camaradas no máximo de suas forças. Nós iremos até o fim. Lutaremos na França. Lutaremos nos mares e oceanos. Lutaremos com crescente confiança e crescente força no ar. Vamos defender nossa ilha a qualquer custo. Lutaremos nas praias, lutaremos nos locais de pouso. Lutaremos nos campos e nas ruas. Lutaremos nas colinas e nunca nos renderemos. E, embora eu não acredite em nenhum momento, se esta ilha ou uma grande parte for subjugada ou estiver faminta, nosso império dalém mar armado e guardado pela esquadra britânica continuará lutando até que no tempo de Deus o novo mundo (América), com toda a sua força e poder caminhe adiante para o resgate e a libertação do Velho Mundo (Europa).

Entendo por que esse foi o discurso do século e por que ele, sozinho, durante dois anos, freou o avanço de Hitler. Esse discurso traz a mentalidade daqueles que vencem, daqueles que vão além e fazem diferença no mundo e é justamente essa mentalidade que as pessoas que se tornam e permanecem ricas possuem.

Em 2006, enquanto passava por dificuldades financeiras, decidi verdadeiramente ser rico e não apenas bem-sucedido, como já vinha sendo. Quando realmente tomei essa decisão, resolvi me apropriar do teor do discurso de Winston Churchill e de forma adaptada fazer o meu próprio discurso da vitória financeira. A seguir a minha versão do discurso da vitória.

DISCURSO DE PAULO VIEIRA EM 30 DE AGOSTO DE 2007

Pessoalmente tenho plena confiança de que, se eu fizer o que tem de ser feito e nada for negligenciado e todos os planos forem postos em prática, como de fato estão sendo feitos hoje, provarei mais uma vez que sou capaz de prosperar. Mostrarei que sou capaz de enfrentar as tempestades financeiras e sobreviver às ameaças de um mundo supercompetitivo e mesmo assim vencerei, serei rico, pleno e próspero. E se necessário trabalharei e estudarei durante anos e se também for necessário farei isso sozinho sem ajuda de ninguém. De uma maneira ou de outra, é isso que vou fazer: vencer financeiramente e em todas as áreas da minha vida. Essa é a vontade de Deus para minha vida e de cada um dos meus familiares que me amam. Essa é a vontade e a determinação que pulsam no meu coração.

Defenderei a todo custo meu direito à vida abundante e farei parcerias éticas e bem-sucedidas, às quais me dedicarei com toda a força. Sei que irei até o fim fazendo o que me dá prazer e também o que não me dá prazer. Trabalharei de dia e, se necessário, de noite. Trabalharei com crescente confiança no trabalho e no aprendizado. Vou aprender a qualquer custo e me tornarei perito, simplesmente o melhor no que eu faço. Aprenderei lendo. Aprenderei fazendo cursos. Aprenderei vendo vídeos. Aprenderei observando e investigando. Aprenderei praticando com excelência e devoção. Nunca pararei de aprender e me esforçar em fazer e ser o melhor. Mesmo se eu me sentir derrotado ou se estiver cansado e impotente continuarei obstinadamente seguindo em frente sabendo que o tempo é de Deus. O que há de novo dentro de mim resgatará e libertará o meu velho eu. No fim das contas, vencerei e prosperarei de forma superabundante. Portas extraordinárias serão abertas e no topo fincarei minha bandeira.

Eu li esse discurso diariamente por mais de dois anos. Só eu sei quanto essa verdade autoimposta me ajudou a deixar de ser uma pessoa apenas bem-sucedida, passando por alguns percalços financeiros, e me tornou um homem verdadeiramente rico financeiramente.

Que tal você seguir meu exemplo e escrever o seu discurso da vitória financeira e lê-lo até que ele se torne uma verdade absoluta de conduta e realização na sua vida? Se você achar que o meu discurso se adapta a você, ótimo, use-o integralmente. Caso contrário você pode fazer adaptações e construir o seu próprio discurso.

#6 CORRER ATRÁS DO PRÓPRIO RABO

Esse é o erro mais comum na vida das pessoas que entram na jornada do enriquecimento. O normal para a maioria delas é que, no início da vida profissional, ganhem pouco. Porém, à medida que estudam mais, acumulam experiências práticas e amadurecem, a tendência é de que seus rendimentos também cresçam. Mas então por que tão poucas pessoas de fato se tornam ricas? Por que pessoas que ganham muito acima da média da população passam uma existência de limitações financeiras?

A resposta é simples. Elas, como um gato com chocalho amarrado no rabo, passam a vida correndo em torno de si sem sair do lugar, apenas se cansando em rodopios intermináveis. Em termos financeiros, isso significa dizer que a maioria das pessoas, à medida que ganham mais, também gastam mais sem se preocupar em aumentar o percentual dedicado aos investimentos. Um dos principais segredos dos ricos é formar mais ativos do que passivos. No entanto, na prática, o que acontece é que, à medida que as pessoas ganham mais, elas gastam mais em bens de consumo e na formação de passivos. Para que fique claro, vamos definir o que são ativos e passivos na mentalidade do enriquecimento.

Ativos: Um ativo é tudo aquilo que pode ser adquirido ou criado e que lhe dará renda ou dividendos. Assim, um ativo contribuirá para aumentar o seu poder aquisitivo, ou para aumentar a sua independência financeira. Exemplos de ativos: imóveis para vender ou alugar, ações, livros, CD's, direitos autorais, *royalties* etc.

Passivos: Um passivo é exatamente o oposto de um ativo, ou seja, é tudo aquilo que pode ser adquirido ou criado e que lhe gerará despesas periodicamente.

Assim, enquanto um ativo aumenta o seu poder aquisitivo e renda, o passivo reduz, já que compromete parte do que você ganha com novos gastos. Exemplos de passivos: apartamento onde mora, casa de praia, carro de uso pessoal, dívidas contraídas para compra de bens de consumo etc.

Reproduzindo o que acontece com a maioria das pessoas, vou relatar o histórico da vida financeira de um amigo. Quando nos conhecemos na juventude, ele era estagiário de um grande banco. Com apoio do pai, logo comprou seu primeiro carro. Surge aí seu primeiro passivo. Por competência própria, ele foi promovido e passou a fazer parte do corpo de funcionários do banco, e assim teve seu salário dobrado. Com a promoção, ele equipou seu carro com som, rodas com magnésio e passou a viajar muito mais. Com o passar do tempo, ele pediu demissão e foi trabalhar como executivo em uma construtora. Na construtora, seu salário novamente dobrou e com esse novo aumento salarial trocou de carro, adquirindo um modelo de luxo zero quilômetro. Com o carro novo e luxuoso vem também um IPVA mais caro, seguro mais caro, consumo de gasolina maior e as revisões agora passam a custar uma pequena fortuna, como ele mesmo costumava dizer. Já que seu patamar financeiro aumentou, os restaurantes se tornaram mais caros, as roupas de grife, os relógios e os ambientes mais sofisticados. Como não podia deixar de ser, tornou-se sócio do melhor clube da cidade. Por gostar de esportes, resolveu comprar um quadriciclo, adquirindo, assim, outro passivo.

Nesse momento da vida, ele ganhava 10 mil reais, porém gastava com seus passivos 10.500 reais. Dessa maneira, ele passou a fazer o pior de todos os passivos: cheque especial e atrasos no cartão de crédito. Aos 30 anos ele recebeu uma ótima proposta de trabalho que aumentou seu salário mensal para 15 mil reais. Imediatamente ele decidiu comprar um apartamento, pois pensava se casar em um futuro próximo. Faço a seguir a relação dos seus passivos e as despesas geradas por eles.

1º   Carro de luxo: IPVA, seguro, combustível, manutenção, revisão, pneus;
2º   Quadriciclo: combustível, manutenção, garagem;
3º   Título de sócio de clube: mensalidade, taxas extras;
4º   Apartamento: IPTU, condomínio, luz, gás, manutenção etc.

Aos 35 anos, ele fez um dos meus cursos de finanças pessoais, o Coaching for Money® e lá houve uma completa metamorfose financeira. Ele saiu decidido a se livrar dos seus passivos e construir ativos. O primeiro passo foi vender o carro de luxo para quitar as dívidas com o cartão de crédito e o cheque especial. Numa atitude responsável, comprou não apenas um carro mais barato, mas também com menores juros nas prestações. Como ele usava pouco o quadriciclo, vendeu a metade para o seu primo e passaram a dividi-lo. Quanto ao título de sócio do clube, ele também vendeu, porém, continuou frequentando a academia do clube pagando infinitamente menos por isso. Por fim, trocou seu apartamento por um galpão, fez algumas mudanças e o alugou para uma pequena transportadora. Quanto aos gastos com restaurantes caros, roupas de grife e relógios, ele obedeceu ao seu orçamento familiar e reduziu esses gastos para um terço.

O fato é que antes, mesmo ganhando 15 mil reais por mês, ele acabava o mês devendo e, três meses depois do curso, ele tinha 5 mil reais de saldo do seu salário como também tinha uma renda extra de 5 mil reais com o aluguel do galpão. Ou seja, ele passou a ter um saldo total a cada mês de 10 mil reais e passou a investir esse dinheiro em terrenos e galpões. Hoje, aos 40 anos, ele continua trabalhando como executivo, seu salário passa de 18 mil reais, porém possui uma renda passiva de quase 20 mil reais em quatro galpões. A estratégia de enriquecimento foi viver com seu salário e a metade da renda de seus ativos é reinvestida, a outra metade é usada para bancar seus passivos. Dessa maneira, ele comprou um apartamento onde hoje mora com a esposa e os dois filhos e também comprou uma casa de praia e um segundo carro.

Se você olhar atentamente, meu amigo era um gastador já no início do endividamento e, se não mudasse, passaria a vida preso às limitações financeiras. Porém, ele adiou o prazer imediato de gastar tudo a bel-prazer e passou a gerenciar as três variáveis do enriquecimento. Como consequência, se tornou alguém verdadeiramente próspero financeiramente.

> **Construa ativos, gere riqueza, produza dividendos e só então comece a gastar com passivos. Esse é o mantra dos permanentemente ricos.**

Agora que você conhece as seis armadilhas que podem frear seu crescimento financeiro e impedir seu enriquecimento, cabe a você fazer um exame de consciência e refletir. Veja a relação a seguir e pontue de 0 a 10 quanto cada uma dessas armadilhas está presente na sua maneira de pensar e agir.

ARMADILHAS	PONTUAÇÃO
#1 GUARDAR DINHEIRO PARA OS DIAS DIFÍCEIS	
#2 FICAR RICO PELO SENTIMENTO ERRADO	
#3 CONFUNDIR PESSOA FÍSICA COM PESSOA JURÍDICA	
#4 ACHAR QUE NÃO TEM MUITO A APRENDER	
#5 PARAR NO MEIO DA JORNADA DO ENRIQUECIMENTO	
#6 CORRER ATRÁS DO PRÓPRIO RABO	
TOTAL DE PONTOS	

Obviamente, quanto mais perto de 60 pontos for sua pontuação, mais preocupante é o *feedback*, mais fatores impeditivos você tem no contexto financeiro. Quanto mais perto de 0, mais livre das armadilhas você está. Seja qual for o seu caso, dê o seu melhor no empenho em mudar suas crenças e seus conceitos financeiros. Novamente quero alertá-lo para que não leia este livro de forma puramente cognitiva, mas também emocional, fazendo todos os exercícios para que possa produzir mudanças nas suas crenças e assim gerar grandiosos resultados na sua vida financeira.

Com base na leitura feita até aqui, escreva no quadro a seguir quais decisões você toma.

QUADRO DE DECISÕES
_____
_____
_____
_____
_____
_____

CAPÍTULO 8

MODELO MENTAL

"É impossível progredir sem mudanças e aqueles que não mudam suas mentes não podem mudar nada."

George Bernard Shaw

Modelo mental é a combinação dos **atos** (comunicação), **pensamentos** e **sentimentos** frequentes e corriqueiros de uma pessoa e que, juntos, produzem suas crenças. Em outras palavras: as crenças ou programas mentais podem ser alterados quando alteramos qualquer um desses três canais neurológicos.

Se, por exemplo, minha comunicação financeira for negativa, gerarei apenas crenças e resultados negativos. Da mesma forma, se meus pensamentos forem positivos, minhas crenças e resultados também serão, e o mesmo processo ocorre com os sentimentos.

Bons sentimentos produzem progresso e sentimentos ruins produzem fracasso. Como diz Shawn Achor, em seu livro *O jeito Harvard de ser feliz*, os sentimentos vêm antes das realizações. Se você carrega sentimentos tóxicos como raiva, medo, inveja, ganância, tristeza, vaidade, preguiça etc. os resultados sempre serão negativos, podem ser a falta de crescimento financeiro ou a incapacidade de gerir emocionalmente a sua riqueza.

No papel de coach, eu pergunto: o que você **comunica**, **pensa** e **sente** sobre dinheiro, riqueza, prosperidade etc.? Pois, como diz a Bíblia, a boca fala do que o coração está cheio. Nós comunicamos as verdades que estão dentro de nós.

O fato é que pessoas bem-sucedidas se comunicam, pensam e sentem diferente das pessoas malsucedidas. Quem é pobre em seus resultados financeiros é pobre porque pensa, fala, comporta-se e se sente efetivamente como pobre. Da mesma maneira, as pessoas que trafegam pela vida financeira de modo mediano vivem de tal forma por manifestar o que já existe dentro delas. Já as pessoas ricas ou aquelas que se tornam ricas, falam, pensam e se sentem ricas. Todo o resto é consequência.

Trago a seguir modelos mentais ou exemplos da mentalidade financeira típica das pessoas ricas, medianas e pobres. É comum pessoas em ascensão financeira adotarem modelos mentais mais sofisticados, que levarão essas pessoas ao próximo nível. No entanto, também é comum pessoas de um nível superior, diante das adversidades, adotarem um modelo mental inferior e, da mesma maneira, em questão de tempo seu patamar financeiro cairá em decorrência do novo modelo mental negativo.

Também é muito comum filhos de pais ricos com mentalidade de pessoas pobres ou medianas e, como você pode imaginar, se eles não mudarem a tempo seus modelos mentais ligados a dinheiro, logo entrarão no hall dos filhos que jogaram fora a fortuna de seus pais.

Marque com X as três mentalidades com que você mais se parece. Em cada modelo mental, marque apenas uma das opções. Sempre que você se identificar com as mentalidades medianas ou pobres, faça o exercício proposto em seguida.

MODELO MENTAL #1

a) Pessoas **ricas** se sentem merecedoras de ter dinheiro em abundância. ( )
b) Pessoas de mentalidade **mediana** querem ter dinheiro para pagar seu conforto e seu prazer imediato. ( )
c) Para pessoas de mentalidade **pobre**, ter para pagar as contas e sobreviver já é milagre. ( )

EXERCÍCIO
Compartilhe agora com alguém de confiança um objetivo financeiro abundante:

_____

_____.

MODELO MENTAL # 2

a) As pessoas **ricas** são excelentes vendedoras. Vendem a si, suas ideias e seus produtos. Vendem sempre e sem culpa, porém com ética e agregando valor e benefícios. ( )
b) As pessoas de mentalidade **mediana** vendem apenas o suficiente para bancar seu luxo e seu prazer momentâneo. O que regula o empenho em vender é a busca pelo consumo imediato. ( )
c) As pessoas de mentalidade **pobre** apenas compram (e caro). Não sabem vender e, na verdade, nem pensam nisso. ( )

EXERCÍCIO
Pare agora e convença alguém (pode ser por telefone) a fazer alguma coisa que ela não queira neste momento. Pode ser assistir a um filme, fazer um curso, comprar um livro...

MODELO MENTAL # 3

a) As pessoas **ricas** admiram outros indivíduos ricos e buscam pessoas bem-sucedidas como modelos a serem seguidos. ( )
b) As pessoas de mentalidade **mediana** têm inveja ou acham que os ricos têm sorte por serem ricos. Quando veem alguém bem-sucedido, buscam uma maneira de mostrar que ele não teve mérito. ( )
c) Pessoas de mentalidade **pobre** têm mágoa e ressentimento dos ricos e, normalmente, os culpam pelo seu fracasso. Culpam os mais favorecidos, porém não fazem nada para sair da situação atual. ( )

EXERCÍCIO
Liste cinco pessoas ricas admiráveis e depois leia suas biografias.
1. _____.
2. _____.
3. _____.
4. _____.
5. _____.

MODELO MENTAL # 4

a) As pessoas **ricas** pechincham e regateiam quando justo. Elas não têm vergonha de pechinchar e buscar o melhor acordo possível. ( )
b) As pessoas de mentalidade **mediana** vivem endividadas com vários cartões, cheques especiais e carnês. Como se diz, "vendem o almoço para comprar a janta". Sempre correndo atrás do próprio rabo, sem sair do lugar. ( )
c) As pessoas de mentalidade **pobre** pagam caro pelos produtos e pagam juros altíssimos "achando bom". Para elas é um privilégio poder comprar, mesmo que acima do preço de mercado. ( )

EXERCÍCIO
Vá ao banco e acabe com a dívida no cartão ou cheque especial[16]. Relacione as contas bancárias que estão negativas ou os cartões que estão atrasados (se houver, é claro).
1. _____.
2. _____.
3. _____.
4. _____.
5. _____.

---

[16] Você pode ver como fazer isso no Capítulo 2.

MODELO MENTAL # 5

a) As pessoas **ricas** doam os bens materiais que possuem, pois sabem que existe muito mais e se sentem capazes de conquistar mais. Elas acreditam que dar parte do seu dinheiro é um privilégio, e não uma obrigação. ( )
b) As pessoas de mentalidade **mediana** não doam nem dão nada a ninguém. Estão muito preocupadas com baladas e com seus problemas. Ainda acreditam que, se derem, vai faltar para elas e para os seus. Elas creem na escassez, na ideia de que, para alguém ganhar, outro precisa perder. ( )
c) As pessoas de mentalidade **pobre** não têm o que dar. Quando dão, deixam a si e aos seus em falta. Dizem: "Onde comem 10, comem 12". E acham bonito dizer que tiraram de si e dos seus para dar a alguém. Depois de tudo isso, ainda vão se lamuriar dos problemas. ( )

EXERCÍCIO

Escolha uma instituição para doar dinheiro (você já sabe quanto!); separe roupas em ótimo estado para doar e dedique quatro horas de seu tempo em uma instituição que ajude pessoas carentes.
1. Instituição para doação financeira:_____.
2. Pessoas a quem doará as roupas em bom estado:_____
_____
_____
_____.

3. Instituição que visitará:_____.

MODELO MENTAL # 6

a) As pessoas **ricas** falam de patrimônio líquido, investimentos, rentabilidade e novas oportunidades de negócios. ( )

b) As pessoas de mentalidade **mediana** falam de salário mensal, carro novo, bolsa cara e relógio de grife. Estão sempre buscando uma maneira de trabalhar menos e se aposentar rápido. ( )

c) As pessoas de mentalidade **pobre** falam dos seus direitos trabalhistas, de seguro-desemprego, auxílio-funeral e, sobretudo, de bolsa família. ( )

EXERCÍCIO
Faça seu balanço patrimonial[17] e o atualize a cada quatro meses.

MODELO MENTAL # 7

a) As pessoas **ricas** administram suas finanças quase diariamente. Dedicam tempo e planejamento acompanhando seus investimentos e seus gastos. Sabem exatamente quanto têm e quanto querem ter. ( )

b) As pessoas de mentalidade **mediana** não gostam de "gastar tempo" administrando suas finanças. Quando muito, elas planejam as contas a pagar. ( )

c) As pessoas de mentalidade **pobre** não sabem administrar seu dinheiro e muito menos suas contas. Como são poucas, as contas são pagas conforme vão aparecendo. ( )

EXERCÍCIO
Monte seu orçamento familiar[18] e acompanhe-o semanalmente.

MODELO MENTAL # 8

a) As pessoas **ricas** trabalham duro até gerarem receita passiva e também porque amam o que fazem, recebendo muito bem por isso. Trabalhar,

---

[17] No site www.febra.me/fe-ferramentas você pode fazer o download de um modelo de balanço patrimonial.

[18] A planilha de orçamento familiar também está disponível para download no site www.febra.me/fe-ferramentas.

para elas, em alguns momentos é um jogo divertido, em outros, é puro prazer. ( )
b) As pessoas de mentalidade **mediana** trabalham duro quando necessário e consomem tudo pagando as contas e gerando custos ativos (correr atrás do rabo). ( )
c) As pessoas de mentalidade **pobre** trabalham duro sempre e seu objetivo é apenas sobreviver. Estar vivo é lucro. ( )

EXERCÍCIO
Invista em algo tangível que no futuro lhe gere uma renda passiva. Pode ser um loteamento por exemplo.

MODELO MENTAL # 9

a) As pessoas **ricas** sabem receber sem constrangimento, afinal elas se sentem merecedoras e dignas das dádivas do mundo. E, do mesmo modo que sabem receber, os ricos também sabem dar com alegria. ( )
b) As pessoas de mentalidade **mediana** não gostam de dar, porque são egoístas. Querem receber, mas não ficam à vontade, pois se sentirão inferiores. ( )
c) As pessoas de mentalidade **pobre** se sentem péssimas quando recebem, devido ao orgulho. Existe um ditado que diz que o maior patrimônio de um pobre é o orgulho. Entretanto, eles amam dar o pouco que têm. ( )

EXERCÍCIO
Nos três próximos elogios que receber, você apenas agradecerá sem devolver outro elogio.

MODELO MENTAL # 10

a) Os **ricos** consomem produtos caros e de grifes por dois motivos: é o que há de melhor e porque podem pagar sem comprometer a renda e o patrimônio. ( )
b) As pessoas de mentalidade **mediana** comprometem a renda e a poupança para consumir produtos de grife. Estão atentas a toda "promoção imperdível", mesmo quando não precisam do item em promoção. ( )
c) As pessoas de mentalidade **pobre** consomem apenas os itens básicos de sobrevivência e estão sempre no limite. Quando passam do limite em um mês, levam outros quatro para equilibrar as contas. ( )

EXERCÍCIO
Vá ao seu armário e conte quantos itens você comprou em uma promoção e não usa há mais de quatro meses.
Número de itens:_____.
Há quantos meses você está tentando equilibrar as contas? _____.

MODELO MENTAL # 11

a) Os **ricos** são conservadores em seus gastos e sabem dizer não para tudo que não oferece uma boa relação custo-benefício. ( )
b) As pessoas de mentalidade **mediana** gastam uma parte muito alta da renda e, quando começam a ganhar mais, passam a esbanjar. No entanto, isso dura só até chegarem as contas e, com elas, o arrependimento. ( )
c) Sempre que pode e mesmo quando não pode, o **pobre** paga a conta do bar para os conhecidos. Basta beber um pouco mais para "ficar rico" e perdulário. E, quando o marido chega em casa, a esposa reclama das contas atrasadas. ( )

EXERCÍCIO
Qual foi a última vez que você comprou ou pagou pelo que não podia? Qual foi o sentimento e quais foram as consequências desse ato?

_____
_____
_____
_____.

MODELO MENTAL # 12

a) Os **ricos** de verdade não compram produtos piratas por três motivos: eles sabem que estariam lesando a propriedade intelectual de outra pessoa; sabem que se tornariam impostores ou mesmo fraudes e, por fim, sabem que são produtos de má qualidade. ( )

b) As pessoas de mentalidade **mediana** não têm o menor pudor em ir à rua 25 de Março[19] e comprar bolsas, relógios e aparelhos eletrônicos falsificados ou contrabandeados. ( )

c) Pessoas de mentalidade **pobre** amam comprar um CD pirata e mostrá-lo aos amigos dizendo que fizeram um bom negócio. ( )

EXERCÍCIO
Enumere os produtos piratas que encontrar em casa. Depois jogue-os fora ou doe todos eles.

Produtos piratas:

_____
_____
_____
_____.

---

[19] A rua 25 de Março, em São Paulo, é um dos maiores centros varejistas e atacadistas do país, conhecida popularmente como um local de venda de produtos falsificados e contrabandeados.

MODELO MENTAL # 13

a) As pessoas de mentalidade **rica** amam meritocracia. Elas preferem uma remuneração fixa baixa e uma remuneração variável alta. Afinal, elas acreditam em sua capacidade de ganhar dinheiro e não querem nada que as limite financeiramente. O mantra desse tipo de pessoas é: troco resultado por dinheiro. ( )
b) As pessoas com mentalidade **mediana** preferem uma remuneração garantida mesmo que não seja o que gostariam. Para elas, a segurança é mais importante que a possibilidade de crescimento financeiro. Seu mantra é: troco meu trabalho por segurança. ( )
c) As pessoas de mentalidade **pobre** trocam trabalho por dinheiro e acreditam que estão no tempo de Karl Marx, sem possibilidade de ascensão. Por isso a única maneira de ganhar mais é trabalhando mais. ( )

EXERCÍCIO
Pense em uma forma honesta de ganhar mais dinheiro sem precisar trabalhar mais para isso. Escreva nas linhas a seguir um passo a passo.

_____
_____
_____
_____
_____

MODELO MENTAL # 14

a) As pessoas de mentalidade **rica** estão sempre buscando aprender mais. Não importa quanto demande de tempo e dinheiro. Elas entendem que o que sabiam lhes trouxe até aqui e se quiserem ir adiante terão de aprender coisas novas. ( )
b) As pessoas com mentalidade **mediana** compram livros, mas não leem. Até fazem cursos mas não os colocam em prática. A cabeça delas está no fim de semana. ( )

c) As pessoas de mentalidade **pobre** agem como se já soubessem de tudo. Acreditam que não têm tempo para aprender ou ainda que nenhum aprendizado fará diferença em suas vidas. ( )

EXERCÍCIO
Quais serão os três próximos cursos que você fará diretamente ligados à sua capacidade de enriquecer?

_____
_____
_____
_____
_____.

MODELO MENTAL # 15

a) As pessoas de mentalidade **rica** sabem que tem poder quem age. Mais poder ainda quem age certo e superpoderes quem age certo e na hora certa. Elas não deixam o medo paralisá-las. ( )
b) As pessoas de mentalidade **mediana** só agem quando não tem mais jeito. Elas procrastinam coisas importantes até que se tornem urgentes. ( )
c) As pessoas de mentalidade **pobre** deixam que o medo de as coisas não darem certo as paralise. E são mestres em dar desculpas por não fazer o que deveriam ter feito. ( )

EXERCÍCIO
Quais são seus três maiores medos que você vai enfrentar para agir na direção da riqueza?

_____
_____
_____
_____
_____.

MODELO MENTAL # 16

a) As pessoas de mentalidade **rica** sabem que são maiores que seus problemas. Elas acreditam que em toda a adversidade existe uma oportunidade de crescimento ou um aprendizado escondido. ( )
b) Pessoas com a mentalidade **mediana** dizem que o problema é um sinal de Deus para não ir adiante com seus sonhos e param ou desaceleram. ( )
c) As pessoas de mentalidade **pobre** enxergam seus problemas como maiores que elas mesmas. Desistem diante da menor adversidade. Uma subida, para elas, é um obstáculo intransponível. ( )

EXERCÍCIO
Quais são as três maiores adversidades que o impedem de ficar rico e que você vai vencer?
_____
_____
_____
_____
_____.

MODELO MENTAL # 17

a) As pessoas **ricas** buscam a companhia de indivíduos que se pareçam com seus objetivos. Elas sabem que o dinheiro que possuem é igual ao da média das pessoas mais próximas a elas. ( )
b) As pessoas com mentalidade **mediana** estão onde houver festa e prazer imediato, custe o que custar. ( )
c) As pessoas de mentalidade **pobre** buscam a companhia de indivíduos negativos que amam contar seus problemas e suas limitações. Piaba anda com piaba. Elas têm medo de serem engolidas por peixes grandes. ( )

EXERCÍCIO

Relacione três coisas que você fará para estar junto com os golfinhos e não com as piabinhas.

_____
_____
_____
_____
_____.

MODELO MENTAL # 18

a) As pessoas **ricas** estão focadas no que querem. Elas sabem quais são seus objetivos e não param até conquistá-los. Seu *drive* mental: "Eu quero isso para minha vida". ( )
b) As pessoas com mentalidade **mediana** focam apenas objetivos a curtíssimo prazo. E se perguntar qual seu objetivo atual mais importante elas vão ter dificuldade de responder. Seu *drive* mental: "O que é mesmo que eu quero para minha vida?". ( )
c) As pessoas de mentalidade **pobre** estão preocupadas apenas em sobreviver e com o que não querem. Elas não têm educação emocional suficiente para pensar no positivo e muito menos focar em uma visão positiva de futuro. Seu *drive* mental: "Eu não quero isso para minha vida". ( )

EXERCÍCIO

Substitua uma coisa que você não quer por alguma coisa que você quer.
Não quero:_____.
Eu quero: _____.

MODELO MENTAL # 19

a) As pessoas **ricas** pensam grande e não têm limites para seus sonhos. Elas acreditam que de alguma maneira dará certo e vão em busca disso. ( )

b) As pessoas de mentalidade **mediana** possuem sonhos pequenos ou que não as exponha ao fracasso se não os atingirem. ( )
c) As pessoas de mentalidade **pobre** pensam apenas em satisfazer suas necessidades básicas da pirâmide de Maslow[20]. Elas dizem: "Tendo saúde e pagando as contas já está bom demais". ( )

EXERCÍCIO
Qual o sonho financeiro que você tinha e deixou de sonhar?
_____
_____
_____
_____
_____.

MODELO MENTAL # 20

a) As pessoas com mentalidade de **riqueza** se comprometem a enriquecer, seja qual for a situação. Elas vão buscar conhecimento, sabedoria, pessoas e recursos para realizarem seus sonhos. ( )
b) As pessoas de mentalidade **mediana** gostariam de ser ricas para possuírem um carrão e uma linda casa. Porém, elas apenas querem. Não fazem nada de massivo na direção da riqueza. Ficam esperando um momento de sorte. ( )
c) As pessoas de mentalidade **pobre** não acreditam que um dia poderiam ser ricas. O passo mais ousado que um pobre é capaz de dar para ficar rico é jogar na loteria. Construir riqueza com as próprias mãos está fora de questão. ( )

---

20   Divisão hierárquica proposta por Abraham Maslow, em que as necessidades de nível mais baixo devem ser satisfeitas antes das necessidades de nível mais alto. Cada um tem de "escalar" uma hierarquia de necessidades para atingir a sua autorrealização. As necessidades são: 1. fisiológicas, 2. de segurança, 3. sociais, 4. de autoestima, e 5. de autorrealização.

EXERCÍCIO
De 0 a 10, qual o seu compromisso em se tornar verdadeiramente rico?
_____
_____.

MODELO MENTAL # 21

a) As pessoas **ricas** jogam para ganhar e estão dispostas a pagar o preço por isso. O sucesso é um jogo sério e não uma brincadeira de criança. Elas dizem: "Eu não vim competir, vim vencer com ética e honestidade." ( )
b) As pessoas de mentalidade **mediana** entram no jogo apenas para jogar. "O importante é competir", elas dizem. Se vencerem, ótimo, se não vencerem, tudo bem também. Quando muito, entram no jogo do dinheiro pensando apenas em não perder. ( )
c) As pessoas de mentalidade **pobre** não entram no jogo do enriquecimento e se entrarem já entram derrotadas, sabendo que é um jogo perdido. ( )

EXERCÍCIO
Qual foi a última vez que você jogou sem compromisso de ganhar?
_____
_____
_____
_____
_____.

Agora você já sabe como se comportam, pensam e sentem as pessoas ricas, medianas e pobres. Assim, está nas suas mãos escolher a mentalidade dos campeões financeiros e nunca mais repetir as atitudes erradas. Então aja!

Com base na leitura feita até aqui, escreva no quadro a seguir quais decisões você toma.

QUADRO DE DECISÕES

CAPÍTULO 9

ELIMINAÇÃO DE PADRÕES FAMILIARES LIMITANTES

"Ensina à criança o caminho que ela deve seguir e, mesmo quando envelhecer, ela não há de se afastar."

Provérbios 22:6

Agora vamos para um conteúdo muito importante quando se fala de mudanças financeiras imediatas. Trata-se de tudo que aprendemos com nossas matrizes: pai e mãe. Eles são as verdadeiras e mais importantes fontes de aprendizado para qualquer criança. Como já disse, a maneira como somos programados na infância está relacionada a tudo o que vimos, ouvimos e sentimos em nossa vida durante os primeiros 12 anos. Todo esse aprendizado vem predominantemente dos pais. Esse aprendizado matricial também é determinante em relação ao dinheiro.

Assim, o que você aprendeu com eles? Como se comportavam seus pais em relação a dinheiro? Eles cuidavam bem ou mal das finanças? O salário deles era suficiente para passar o mês ou faltava e todo fim de mês eram momentos de tensão e discórdia? Eles perdiam o que tinham e a vida era uma sequência de altos e baixos? Você sofria privações e humilhações pela falta de dinheiro? O dinheiro fluía naturalmente ou era sempre difícil e suado no seu lar? As percepções, vivências e experiências financeiras às quais a sua criança foi exposta vão produzir os padrões, os modelos mentais e as crenças que determinarão a qualidade de sua vida financeira futura.

Somos financeiramente o aprendizado do que recebemos dos nossos pais. Entretanto, ao contrário do que a maioria das pessoas pensa, não repetimos apenas o que eles fizeram e seus resultados. Muitas vezes, aprendemos por rebeldia, ou seja, assimilamos e fazemos exatamente o contrário do que fizeram e vivemos diferente de como eles viveram a vida deles.

Vamos a um exemplo de padrão de comportamento que pode ser repetido ou rebelado: o pai é bruto e grosseiro em casa. Se esse homem tiver três filhos, existe uma grande probabilidade de um ou dois filhos se tornar bruto e grosseiro em casa, aprendendo por repetição o padrão do pai, enquanto outro filho pode se tornar doce e sensível, justamente o contrário do pai.

Vamos a outro exemplo, desta vez de padrão de resultado, em que o pai era um profissional medíocre com um padrão comportamental de sempre pular de emprego em emprego. Nesse caso, existe a chance de alguns filhos se tornarem profissionais sofríveis como o pai e pularem de emprego em emprego, repetindo o padrão de resultados profissionais. Entretanto, os outros filhos podem ter extremo sucesso profissional, rebelando-se contra o padrão de resultados profissionais pífios do pai.

Então, somos quem somos porque reproduzimos alguns aspectos e imitamos pai e mãe em seus padrões comportamentais e de resultados de vida, como na maneira de pensar, sentir. Em outros momentos, aprendemos dos nossos pais a fazer justamente o contrário do que eles fizeram. Somos uma análise combinatória dos padrões comportamentais e de resultado de nossos pais.

Quando os padrões são positivos e me fazem avançar, é maravilhoso. Sou grato e usufruo dele conquistando e produzindo riqueza. A questão é quando existem em mim padrões negativos aprendidos que me aprisionam em comportamentos, circunstâncias de vida e resultados negativos e fazem a mim e a quem amo sofrer.

Seu desafio neste capítulo é identificar os padrões negativos que o assolam e eliminá-los de sua vida. É justamente o que faremos a partir de agora com o exercício a seguir.

EXERCÍCIO

A seguir, relaciono padrões negativos com influência direta na vida financeira. Se você viver e reproduzir o padrão relacionado, deve assinalar com um X a coluna "EU" na linha correspondente ao padrão.

Se era seu pai na sua infância que tinha esse padrão, marque X na coluna pai. Se era a mãe, marque na coluna correspondente. Se você teve, além de seus pais, pais adotivos, ou alguém que fez o papel deles, marque a última coluna caso eles tenham tido esses padrões. Caso nem você nem eles tenham tido esses padrões, deixe em branco todos os espaços da linha e, da mesma maneira, se apenas um deles tiver o padrão, marque apenas um. Se todos tiveram os padrões da linha, marque todos os espaços.

Em muitos casos os avós assumiram o papel dos pais, tornando-se pais substitutos, em outros, foi o padrasto quem assumiu o papel de pai. Também pode ter sido um caso típico de adoção legal. Nesses três casos, houve pais substitutos.

RELAÇÃO DE PADRÕES NEGATIVOS DE PAI E MÃE	EU	PAI	MÃE	PAI E MÃE SUBSTITUTOS
1. PLANEJADOR QUE NÃO REALIZA	X			
2. PESSIMISTA, ACHA QUE TUDO DARÁ ERRADO		X	X	
3. ACOMODADO OU CONFORMADO		X		
4. CONFUSO E DESPREPARADO PARA TER DINHEIRO OU NEGÓCIOS	X	X	X	X
5. SEM COMPROMISSO COM DINHEIRO, TRABALHO OU NEGÓCIO (IRRESPONSÁVEL)				X

Passo 1: Preencha a avaliação de padrões negativos conforme a explicação e o exemplo.

RELAÇÃO DE PADRÕES NEGATIVOS DE PAI E MÃE	EU	PAI	MÃE	PAI E MÃE SUBSTITUTOS
1. SEM FOCO E DETERMINAÇÃO EM TER OU POSSUIR ALGO DE VALOR				
2. FRACASSADO OU AZARENTO				
3. IMPULSIVO COM NEGÓCIOS E DINHEIRO				
4. IRRESPONSÁVEL FINANCEIRO OU PROFISSIONAL				
5. OPORTUNISTA SEM CARÁTER				
6. PERDULÁRIO, GASTADOR INCONSEQUENTE				
7. O BOM SAMARITANO PARA OS OUTROS E NÃO PARA A FAMÍLIA. AJUDA OS OUTROS E NÃO OS SEUS				
8. FROUXO, SEM OUSADIA FINANCEIRA E PROFISSIONAL. ACOVARDADO				
9. SEM FOCO, SEM META, SEM OBJETIVOS PROFISSIONAIS E FINANCEIROS				
10. ARRANJA DESCULPAS PARA O FRACASSO				
11. NÃO TERMINA O QUE COMEÇA				
12. GOSTA DA VIDA FÁCIL				
13. ESCORA-SE FINANCEIRAMENTE NOS OUTROS: CÔNJUGE, PAIS, FAMILIARES				
14. TENTA TIRAR PROVEITO DE TUDO E DE TODOS PARA "SE DAR BEM"				
15. SÓ QUER SOMBRA E ÁGUA FRESCA				
16. TUDO É UMA PIADA E NÃO LEVA TRABALHO E DINHEIRO A SÉRIO				
17. DESPREPARADO E INCAPAZ DE PROSPERAR				
18. DESISTENTE				
19. EGOÍSTA E EGOCÊNTRICO				

RELAÇÃO DE PADRÕES NEGATIVOS DE PAI E MÃE	EU	PAI	MÃE	PAI E MÃE SUBSTITUTOS
20. INDIVIDUALISTA				
21. INSEGURO, PARALISADO				
22. INTROVERTIDO, TÍMIDO PROFISSIONAL				
23. NÃO SE DÁ VALOR E POR ISSO NÃO SABE COBRAR PELO QUE FAZ				
24. NÃO FAZ NADA REALMENTE BEM FEITO				
25. PERFECCIONISTA EM EXCESSO E NÃO REALIZA				
26. SÓ TRABALHA E NÃO USUFRUI				
27. SÓ PENSA EM DINHEIRO				
28. SUCESSO, DINHEIRO E TRABALHO VALEM MAIS QUE PESSOAS E FILHOS				
29. EM VEZ DE AMOR, SÓ DÁ DINHEIRO E PRESENTES				
30. A VIDA É DIFÍCIL E DINHEIRO NÃO DÁ EM ÁRVORES				
31. NÃO CUIDA NEM DÁ VALOR AO DINHEIRO OU AOS BENS				
32. ODEIA O DINHEIRO E OS RICOS				
33. APÁTICO, DESINTERESSADO NA VIDA PROFISSIONAL E NAS FINANÇAS				
34. OMISSO NOS GASTOS E NAS FINANÇAS				
35. MÁRTIR, VÍTIMA, AGE COMO COITADO E COM AUTOCOMISERAÇÃO				
36. LAMURIENTO, LAMENTADOR E RECLAMADOR				
37. PESSIMISTA NA ÁREA PROFISSIONAL E NA FINANCEIRA				
38. EVITA OS DESAFIOS E CONFRONTOS FINANCEIROS E PROFISSIONAIS				
39. NÃO SABE DIZER NÃO				
40. PROCURA AGRADAR A TODOS E ESQUECE OS PRÓPRIOS OBJETIVOS E NECESSIDADES				

RELAÇÃO DE PADRÕES NEGATIVOS DE PAI E MÃE	EU	PAI	MÃE	PAI E MÃE SUBSTITUTOS
41. COVARDE PROFISSIONAL E FINANCEIRO				
42. DESCONFIA DE TUDO E DE TODOS				
43. MEDO DA CRÍTICA				
44. MEDO DA POBREZA				
45. MEDO DE NÃO SUSTENTAR A FAMÍLIA E HONRAR AS CONTAS				
46. MEDO DE ARRISCAR				
47. MEDO DO FRACASSO				
48. MEDO DO FUTURO FINANCEIRO E PROFISSIONAL				
49. MEDO DO SUCESSO				
50. NÃO SE ACHA MERECEDOR				
51. NÃO SE ACHA CAPAZ DE TER SUCESSO				
52. ANTECIPA O PIOR				
53. COMPLEXADO E SE ACHA PERSEGUIDO E JULGADO				
54. SEMPRE COM PRESSA PARA TRABALHAR E SEM TEMPO PARA AS PESSOAS				
55. TRAÍDO PELO SÓCIO E PELOS PARCEIROS; FOI "PASSADO PARA TRÁS"				
56. REPLETO DE NEGÓCIOS FRACASSADOS				
57. GANANCIOSO, BUSCA O SUCESSO A QUALQUER CUSTO, DEIXANDO DE LADO SAÚDE, FAMÍLIA, FILHOS, CASAMENTO				
58. CHARLATÃO, CALOTEIRO, DEVEDOR				
59. EXTRAVAGANTE, EXIBICIONISTA OU MEGALOMANÍACO				
60. ESNOBE, VAIDOSO E ELITISTA				
61. NARCISISTA E OBCECADO POR SI				
62. MENTIROSO OU HIPÓCRITA				

RELAÇÃO DE PADRÕES NEGATIVOS DE PAI E MÃE	EU	PAI	MÃE	PAI E MÃE SUBSTITUTOS
63. ARROGANTE, PREPOTENTE E DONO DA VERDADE				
64. APARENTA TER O QUE NÃO TEM E SER O QUE NÃO É				
65. COMPRA AMOR COM DINHEIRO				
65. DÁ MAIS VALOR ÀS COISAS MATERIAIS DO QUE ÀS PESSOAS				
67. CORRE RISCOS FINANCEIROS E PROFISSIONAIS DESNECESSÁRIOS				
68. DEPENDENTE FINANCEIRO DOS OUTROS				
69. PASSIVO, SUBMISSO, COMPLACENTE				
70. DESVALORIZA A SI MESMO				
71. ESTRESSADO COM DINHEIRO E COM O TRABALHO				
72. ODEIA O QUE FAZ E COMO SE SENTE EM RELAÇÃO A ISSO				
73. MAL REMUNERADO OU SUB-REMUNERADO				
74. BAJULADOR DAS PESSOAS DE SUCESSO OU APROVEITADOR				
75. VIVE MERGULHADO EM DÍVIDAS				
76. CONSTANTEMENTE DESEMPREGADO OU COM NEGÓCIO QUEBRADO				
77. COBRADORES NA PORTA				
78. HUMILHADO PELA FALTA DE DINHEIRO				
79. NADA É MAIS IMPORTANTE QUE O TRABALHO				
80. NADA É MAIS IMPORTANTE QUE O DINHEIRO				
81. TROCADO PELO DINHEIRO OU PELO TRABALHO				
82. NÃO POSSO, NÃO TENHO DINHEIRO PARA ISSO				
83. SÃO OS HOMENS/MULHERES QUE MANDAM, PODEM OU TÊM DINHEIRO				

> **FEEDBACK DA AVALIAÇÃO DOS PADRÕES NEGATIVOS**
>
> 1º QUANDO VOCÊ MARCA **UM PADRÃO NEGATIVO EM VOCÊ QUE SEUS PAIS OU PAIS SUBSTITUTOS NÃO APRESENTAM**, ISSO SIGNIFICA QUE VOCÊ APRENDEU ESSE TRAÇO POR REBELDIA, TORNANDO-SE OU FAZENDO JUSTAMENTE O CONTRÁRIO DELES.
>
> 2º SE VOCÊ APRESENTA (REPETIU) UM PADRÃO NEGATIVO **APRENDIDO COM O PAI OU COM A MÃE**, OU SEJA, MARCOU APENA UM DELES, QUER DIZER QUE ESSE PADRÃO NEGATIVO É MAIS FÁCIL DE MUDAR.
>
> 3º SE VOCÊ **REPETE UM PADRÃO DO PAI E DA MÃE AO MESMO TEMPO**, QUER DIZER QUE É UM TRAÇO MAIS FORTE (INTENSO) EM VOCÊ E CONSEQUENTEMENTE PRECISARÁ DE MAIS ESFORÇO PARA SE LIVRAR DELE.
>
> 4º QUANDO NEM VOCÊ NEM OS OUTROS MEMBROS TÊM UM PADRÃO É PORQUE ESSE COMPORTAMENTO NÃO FAZ PARTE DE SUA VIDA. NEM POR REPETIÇÃO NEM POR REBELDIA.
>
> 5º SE, **ALÉM DE PAI E MÃE, VOCÊ TAMBÉM TEVE PAIS SUBSTITUTOS** E TODOS POSSUEM UM REFERIDO PADRÃO, QUER DIZER QUE ESSE PADRÃO É MUITÍSSIMO PRESENTE EM VOCÊ.

Agora que você preencheu a avaliação, sabe quais são os padrões financeiros negativos que o aprisionam. Vamos ao passo seguinte:

Passo 2: Com uma caneta marca-texto destaque todos os padrões negativos que você possui, enfatizando os padrões do *feedback* 3º e 5º (aqueles mais fortes em você). Aí está boa parte dos seus problemas financeiros.

Passo 3: Olhando para cada padrão negativo identificado e para a qualidade da sua vida financeira e profissional, escreva uma carta com todos os prejuízos que têm tido por ter aprendido esses padrões negativos. Faça isso nas linhas a seguir. (Quanto mais profunda e verdadeira for sua carta de prejuízos, com todas as consequências de ter vivido esses padrões ao longo da vida, melhor e mais transformador será o exercício.)

CARTA DE PREJUÍZOS

_____
_____
_____
_____
_____
_____
_____
_____
_____
_____
_____
_____
_____
_____
_____
_____
_____
_____
_____
_____
_____
_____
_____
_____
_____
_____
_____
_____
_____ .

Agora você sabe de forma clara quão prejudiciais são esses padrões em forma de verdadeiras maldições hereditárias. Você entende o porquê de cada tropeço financeiro, de cada revés, das perdas e até do que você não conquistou no contexto financeiro. Você entende as limitações e privações e até por que dependeu financeiramente de alguém. Vendo tantos prejuízos, talvez você queira acusar seus pais ou pais substitutos. Afinal, foram eles que o ensinaram a ser como você é na área financeira. Talvez eles tenham abandonado, machucado ou espancado você. Talvez você tenha vivido isso e coisas piores. Entendo a sua dor e sei que não deve ser fácil viver não apenas com o que aconteceu no seu passado, como também conviver com as consequências financeiras disso na sua vida.

Antes de prosseguir, responda às duas perguntas a seguir com toda a verdade.

1ª Quanto você deseja se livrar dos padrões negativos que identificou e prosperar tremendamente e fazer deste ano o melhor de sua vida até então?

_____.

2ª O que você está disposto a fazer por isso?

_____.

Acredito que a resposta à primeira pergunta deve ter sido algo como "quero muitíssimo, quero demais". A resposta à segunda pergunta pode ter sido: "faço qualquer coisa para me livrar desses padrões que me impedem de prosperar". Espero que tenha sido isso que você respondeu, pois realmente será necessário seu empenho emocional a partir daqui.

O **quarto passo** é fazer uma carta de acusação ao seu pai, à sua mãe e aos pais substitutos, se você tiver tido. Essa carta precisa ser escrita em um teor forte, acusador e cheio de indignação por todos os problemas que você viveu na vida financeira. A tendência é de que algumas pessoas justifiquem as falhas dos pais e diga que eles não tiveram a intenção, ou que as condições em que eles viveram lhes fizeram errar. Mas aqui, o que interessa não é a intenção, e sim a ação e o resultado dela na sua vida financeira. Também entendo que acusar alguém por coisas do passado não parece algo ecológico. Muito menos acusar quem deu a vida por nós. Porém, é extremamente necessário, pois existem em todos nós mágoas conscientes e muitas vezes mágoas e ressentimentos inconscientes que, como um câncer, vão se alastrando e destruindo áreas de nossa vida.

Em muitos casos, esses ressentimentos encobertos ou inconscientes atacam primeiramente a vida financeira da pessoa para depois atacar outras áreas da vida. Desejo que você reconheça todo o prejuízo de ter repetido ou se rebelado contra os padrões deles e quanto eles erraram por ação ou mesmo por omissão para que depois possa perdoá-los na mesma intensidade e assim causar novas e profundas sinapses, removendo barreiras e sentimentos tóxicos debilitantes, destruindo a autossabotagem e reconstruindo as crenças de IDENTIDADE, CAPACIDADE e MERECIMENTO financeiro.

Cuidados com as cartas de acusação e prejuízo: Você não precisa entregar essa carta para quem o magoou. Talvez essas pessoas, ou você mesmo, não estejam preparadas para isso. Muito menos confronte essa pessoa com o conteúdo da carta.

Passo 4: Fazer uma carta de acusação para pai, mãe e pais substitutos. Seja duro ao acusá-los pelos seus padrões e também duro ao acusá-los pelas consequências do que fizeram e deixaram de fazer. Pois tudo isso serviu de aprendizado bom ou ruim em sua vida.

CARTA DE ACUSAÇÃO

Em primeiro lugar, você reconheceu os prejuízos dos padrões aprendidos com seus pais ou pais substitutos, depois os acusou pelos ensinamentos negativos e prejudiciais. Chegou a hora de eliminar esses padrões negativos e voltar a crescer e prosperar financeiramente. Entretanto, para que haja a eliminação desses padrões negativos financeiros, existe apenas uma maneira: perdoar quem de uma maneira ou de outra fez você sofrer. É necessário, especificamente, perdoar seus pais. Se você foi adotado, será necessário perdoar o pai, a mãe e os pais substitutos.

Não engane a si mesmo dizendo "mas eu não tenho nenhuma mágoa de pai nem de mãe... Meus pais foram ótimos... Meus pais não erraram". Lembre-se de que pais que não erraram produziram filhos perfeitos: pessoas que não têm problema na vida, ganham muito bem, têm muito patrimônio, amam o que fazem e fazem muito bem-feito, seu casamento é maravilhoso, respeitoso e cheio de sexo. Seus filhos são extraordinariamente bem-sucedidos independentemente da idade que têm e suas emoções trafegam em um patamar superpositivo e constante. No entanto, se você não tem essa qualidade de vida, acredite em mim, por melhor e mais bem-intencionados que seus pais tenham sido, eles erraram e merecem ser perdoados.

No entanto, se você sofreu e ainda sofre, merece ser curado desses padrões destruidores. Veja bem, não importa se você não carrega nenhuma mágoa de seus pais, o que importa é que você reconheça que adotou por repetição ou rebeldia algum padrão negativo financeiro deles. Para se livrar desse padrão precisará perdoá-los. Lanço mão de um mandamento bíblico que diz: "Honrarás pai e mãe e tudo te irá bem". Em outro, é dito: "Honra teu pai e tua mãe a fim de que tenhas vida longa na Terra que o senhor teu Deus te dá".

Se analisarmos essas duas passagens bíblicas, uma promete que tudo vai dar certo na sua vida. A outra promete que você viverá mais. Existe uma terceira passagem que reafirma as duas promessas, "tanto mais dias de vida serão acrescentados e tudo dará certo em sua vida". Devemos observar que em nenhuma dessas passagens foi dito que deveríamos honrar um bom pai ou uma boa mãe. Disse de forma clara: honrarás teu pai e tua mãe! Eu convido você a honrar seus pais com suas palavras, seus pensamentos e seus sentimentos mais profundos e até inconscientes. Novamente, para que isso aconteça, você terá de perdoar pai e mãe de forma racional e emocional. Esse perdão precisa ser de toda a sua força, de todo o seu coração e de todo o seu entendimento. A seguir, elenco alguns pressupostos do perdão.

PRESSUPOSTOS DO PERDÃO

PERDÃO
1. É um processo e não um acontecimento;
2. É assumir a responsabilidade de como você se sente;
3. É recuperar sua força e o seu destino;
4. É a paz que você aprende a sentir quando libera quem lhe fez mal;
5. É para você, e não para o autor da afronta;
6. Refere-se à sua cura, e não à da pessoa que lhe fez sofrer;
7. É uma habilidade que precisa de treino;
8. Ajuda a ter mais controle sobre seus pensamentos;
9. Melhora sua saúde física e mental;
10. É tornar-se um herói feliz, e não uma vítima sofredora;
11. É uma escolha;
12. É uma decisão;
13. É restituição;
14. Você pode perdoar.

NO ENTANTO,
1. Perdão não é fechar os olhos para maus-tratos;
2. Perdão não é esquecer algo doloroso;

3. Perdão não é desculpar o mau comportamento;
4. Perdão não é negar ou minimizar seu sofrimento;
5. Perdão não é necessariamente se reconciliar com o autor da afronta.

Depois dos pressupostos do perdão, vale a pena salientar que seus pais também são vítimas dos pais deles. Se você sofreu com os comportamentos de seus pais, saiba que eles sofreram antes e provavelmente mais do que você. Se seus pais erraram, tenha certeza de que alguém errou com eles antes. Certamente eles o pouparam das dores que sentiram.

Muitas vezes, olhamos para as pessoas que nos rodeiam e não temos noção das dores que elas carregam em silêncio. Julgamos e acusamos pessoas que, pelo histórico de vida, são verdadeiros heróis. Faço uma pergunta a você: e se você tivesse tido os pais que seus pais tiveram na infância? Se tivesse tido a educação que eles tiveram? Se tivesse vivido na época deles? Você conseguiria fazer melhor do que eles? Erraria menos do que eles? Seria um pai ou uma mãe melhor? Será? Então, se você deseja ser rico, equilibrado e próspero na essência da palavra, terá efetivamente de perdoar.

Quero lhe dar mais um bom motivo para perdoar, talvez seja o melhor deles, acredito que ele servirá mesmo que você não queira, não consiga ou negue que não tem o que perdoar. Se você não perdoar seus pais, você repetirá padrões negativos com seus filhos, que viverão os mesmos comportamentos ou circunstâncias que você. Acredite, no fundo, esses padrões negativos são maldições hereditárias que se perpetuam de geração em geração. Se você não quebrar essas maldições, elas irão adiante provocando caos, tristeza e dor na sua descendência. O que eu disse é suficiente para você decidir perdoar e dar sequência a este exercício?

Você tem motivos de sobra para ir para o próximo nível. No quinto passo, você escreverá uma carta emocionada de perdão ao seu pai, a sua mãe e aos seus pais substitutos. Novamente, para ter grandes e profundos efeitos, você precisa escrever com todo o seu coração e entendimento.

Passo 5: Escreva nas linhas a seguir uma carta de perdão conforme toda a explicação anterior.

CARTA DE PERDÃO

Passo 6: Leia essa carta duas vezes na frente do espelho como se estivesse conversando com quem lhe causou algum mal. Sua voz deve ser a voz de quem perdoou. Seus gestos e sua postura devem conter harmonia e paz. Faça essa leitura com decisão e amor. Lembre-se de que o maior patrimônio de uma pessoa de mentalidade pobre é o orgulho. Não cometa esse erro.

O ser humano é metafórico e cheio de simbolismos. Quando usamos metáforas, nosso cérebro não as critica e recebe a informação sem tanto julgamento ou criticidade. Nesta etapa, faremos um ato simbólico que possui enorme poder. Queimaremos tanto a carta de prejuízo quanto a carta de acusação. Enquanto queima, veja e observe o papel se tornando cinzas e se desfazendo. Peço que você faça isso de maneira segura e responsável[21]. Se você não se sentir seguro em queimar suas cartas, pode picar o papel em pedaços muito pequenos, jogar no vaso sanitário e dar descarga e ver cada pedacinho ir embora de sua vida.

Passo 7: Conforme a explicação anterior, queime ou pique as cartas de prejuízo e de acusação e jogue-as no lixo.
Passo 8: Leia novamente a carta de perdão por duas vezes. Coloque amor, paz e perdão na leitura. Repita a leitura de tempos em tempos, enquanto julgar necessário.
Passo 9: Faça uma ação que materialize sua decisão de perdoar. Pode ser em relação às pessoas que perdoou ou em relação a outra pessoa. O importante é que exista alguma ação de amor para selar a decisão.

Parabéns, você faz parte de uma elite mundial! Aquelas pessoas que enfrentam a adversidade e não param diante dos desafios. Você é diferente

---

[21] Queime as cartas sem usar álcool ou qualquer material inflamável. Faça isso dentro de uma panela e em lugar próximo à água.

das pessoas comuns. Como Nilza Munguba, uma grande amiga e mestra, me ensinou: "Quem para no meio do caminho não chega a lugar nenhum". Você faz parte dessa categoria de pessoas. Meus parabéns e minha admiração. Por isso, eu tenho um presente para você.

UM PRESENTE PARA VOCÊ

Vá a qualquer núcleo oficial da Febracis[22] com este livro e a carta de perdão em mãos. Lá, você ganhará uma pulseira conforme a imagem que está no endereço www.febra.me/fe-ferramentas.
Você agora faz parte da comunidade das pessoas que realizam.
Use a pulseira e identifique outros membros dessa comunidade.

Com base na leitura feita até aqui, escreva no quadro a seguir quais decisões você toma.

QUADRO DE DECISÕES
___
___
___
___
___
___

---

[22] Acesse o nosso site febracis.com.br e veja qual sede é mais próxima de você. Estamos presentes em todas as regiões do Brasil.

CAPÍTULO 10

CONSTRUINDO METAS E OBJETIVOS FINANCEIROS

"Então o Senhor me respondeu, e disse: Escreve a visão e torna-a bem legível sobre tábuas, para que a possa ler quem passa correndo.
Porque a visão é ainda para o tempo determinado, mas se apressa para o fim, e não enganará; se tardar, espera-o, porque certamente virá, não tardará."

Habacuque 2:2, 3

Traçar metas é o mesmo que se determinar a buscar algo que você ainda não é, não faz ou ainda não possui. Estabelecer e realizar uma meta é se tornar alguém diferente e provavelmente melhor ou mais capaz. Quando você sai em busca de uma meta, necessariamente sai da zona de conforto e ativa seu potencial adormecido. Traçar metas e estabelecer objetivos deveria ser um estilo de vida para todas as pessoas. No entanto, as pesquisas nos mostram que apenas 4% da população estabelece metas e apenas 2% sabem, mesmo que intuitivamente, como estabelecê-las.

Estabelecer metas é olhar para a frente e não para trás. É focar na solução e não no problema. E, consequentemente, quem não tem por hábito estabelecer metas é o tipo de pessoa concentrada no passado e em seus problemas. Essas pessoas perdem tempo com fofocas, tarefas improdutivas e estão sempre envoltas nos próprios problemas e nos outros. Talvez ninguém tenha dito a elas que deveriam dedicar mais tempo às suas metas, afinal, as metas falam de futuro e é para o futuro que todas as pessoas estão indo. Pessoas focadas em metas e objetivos não perdem tempo com ressentimentos bobos, com hábitos negativos ou improdutivos, muito menos com pessoas e ambientes que vão interromper sua jornada.

Muitas pessoas falam que o futuro é imprevisível e eu concordo com isso. Já que não podemos prever o futuro, que tal criarmos esse futuro?

O TAMANHO DA SUA META FINANCEIRA IMPORTA

Tenho visto pessoas de grande potencial paralisadas pelo medo de não realizar seus sonhos financeiros. E, em geral, a saída que essas pessoas encontram é estabelecer metas fáceis de atingir. Contudo, uma meta fácil de atingir não ativa o potencial criativo, disponível a qualquer pessoa.

Para ilustrar esse cenário, peguei emprestado uma história de dois rapazes com a mesma origem, mesma história, porém com metas e objetivos diferentes: um pensava grande e outro pensava pequeno. E como escreveu Napoleon Hill:

> *"Uma meta fraca traz resultados fracos, assim como pouco fogo produz pouco calor."*

Esses dois jovens eram vendedores em uma empresa atacadista e decidiram estabelecer suas metas pessoais. O primeiro decide comprar um carro popular de mil cilindradas. O segundo estabelece a meta de comprar uma Mercedes zero-quilômetro. O primeiro vendedor usa a lógica cartesiana tradicional e começa a fazer contas do tipo: poupando 200 reais por mês, precisarei de 60 meses ou 5 anos para juntar 12 mil reais, e assim poderia dar a entrada no carro popular e restariam 18 mil reais, que poderia usar para dividir em 72 prestações mensais de aproximadamente 250 reais. Em síntese:

o primeiro vendedor precisará de cinco anos para dar a entrada no seu carro popular e mais seis anos para quitar o automóvel, totalizando 11 anos. Esse vendedor de pensamento lógico e cartesiano estabeleceu apenas uma ação para cumprir sua meta: pagar pequenas e quase infinitas prestações.

Já o segundo vendedor teve o seguinte raciocínio: primeiro vou me dedicar e trabalhar de maneira ultrafocada para bater todas as metas e ganhar todos os prêmios das campanhas de vendas. Também vou fazer dois cursos de vendas e gerência de vendas e estudar os manuais dos produtos que vendemos para ter mais conhecimento sobre eles e mais argumentos na hora da venda. Essa primeira etapa levará quatro meses e dobrará meus rendimentos atuais. Com isso, o vendedor esperava ser promovido a coordenador de equipe comercial com uma retirada mensal duas vezes maior que o salário atual.

O segundo passo era entrar em uma faculdade tecnológica e se formar em dois anos. Com a graduação ele entraria em uma pós-graduação em gestão comercial. Essa etapa levaria dois anos e então ele se candidataria a gerente comercial da nova unidade da empresa que estava sendo construída na cidade vizinha. Nesse momento, já estaria ganhando, entre salário fixo e comissão, aproximadamente quatro a seis vezes mais do que o valor original.

O próximo passo seria propor à diretoria que ele montasse uma equipe de telemarketing terceirizada para atender às pequenas vendas da empresa, aquelas que não compensam mandar vendedor em rota. Afinal, esse era o grande gargalo da empresa. Com isso, poderia montar uma equipe para televendas em quatro estados e isso pouparia muito dinheiro para a empresa em termos de custos de vendas, rota, combustível, automóvel etc.

Atendendo à carteira de pequenos clientes, o estimado total de vendas é de 4 milhões de reais por mês. E, se a comissão da empresa de telemarketing fosse de 7%, seu faturamento seria de 280 mil reais e teria um lucro líquido de aproximadamente 80 mil reais por mês, conforme os cálculos do consultor do Sebrae que o orientou.

Já no quarto mês, depois de fazer os cursos de vendas, estudar os manuais dos produtos e se dispor a pagar o preço de estar superfocado em vender, compraria um carro popular.

Ao ser promovido a coordenador comercial no sexto mês e mais que dobrar o salário e as comissões, poderia comprar um carro melhor, mas não faria isso. Iria guardar e aplicar o dinheiro para montar no futuro a própria empresa de telemarketing. Depois de se formar e cursando uma pós-graduação em gestão comercial, seria promovido a gerente-geral da nova unidade, que estava em construção, e novamente dobraria o salário. Mais uma vez poderia comprar um carro melhor, mas não faria isso. A última etapa para comprar a Mercedes seria conquistar uma parceria com a empresa em que era vendedor. Assim se tornaria dono da própria empresa e compraria o carro dos sonhos.

Quando observamos os dois vendedores, vemos que suas ações são determinadas por suas decisões. Estas, porém, são determinadas pelo tamanho de seus sonhos. O primeiro vendedor sonhava com um carro popular, já o segundo sonhava com uma Mercedes. O primeiro se contentou em ter apenas um tipo de ação, que se resumia a uma pequena e medíocre poupança, que jamais o desafiaria a ser melhor. Já o segundo, olhando para sua meta ousada e desafiadora, optou por várias ações que o tirariam completamente da zona de conforto.

Qual é seu objetivo? Está certo sobre ele? É isso mesmo? Excelente! Então, agora você precisa andar (agir), e na direção certa (com ações efetivas). Quanto mais depressa e de maneira direcionada você andar em direção ao seu objetivo, mais rápido ele será atingido. Não importa se o objetivo é ganhar 1 milhão de reais e você não tem nenhum real hoje: o que importa é se você está indo na direção certa, com os comportamentos certos, e se vai na melhor velocidade possível. Conheço pessoas que começaram a ganhar dinheiro muito tempo depois de outras, e, no espaço de três, cinco, seis anos, já se tornaram milionárias, enquanto quem havia começado a jornada financeira 10 ou 15 anos antes não tinha conseguido atingir o mesmo resultado. Muitas pessoas estão falando em sucesso, mas são poucas as que de fato agem para conquistá-lo.

Quanto maior o desafio de sua meta, mais você será desafiado a sair da zona de conforto. Eu acredito em duas máximas sobre zona de conforto: a primeira é que a vida só começa quando a zona de conforto acaba, a segunda é que zona de conforto é uma mentira com data certa para acabar.

QUERER NÃO É PODER

Se você andava enganado acreditando que querer é poder, é hora de se questionar sobre isso. Se querer fosse poder, tenho certeza de que você moraria em uma casa maior, mais bem localizada e que desse mais conforto, comodidade e segurança para você e para os seus.

Se querer fosse poder, tenho certeza de que 99,9% das pessoas que estão lendo este livro ganhariam mais mês a mês. E, por fim, se querer fosse poder, estou certo de que quase todos nós modificaríamos algo em nossa aparência. Alguns ficariam alguns centímetros mais altos, outros diminuiriam o tamanho da barriga, outros mudariam o desenho do nariz e alguns mudariam algo no cabelo.

Então, definitivamente, querer não é poder. Querer é uma força muito importante que inicia todo processo de mudança. Porém, para que essa força realmente faça diferença nos seus resultados, o querer realizar um objetivo precisa ser maior do que o quanto você quer todo o resto.

Para que um obeso emagreça e pese 70 quilos, ele precisa querer isso mais do que ele quer comer doces. Ele precisa querer pesar 70 quilos em vez de dormir até mais tarde e não se exercitar. Ele precisa querer isso mais do que quer assistir a novelas e seriados. Ele precisa querer pesar 70 quilos mais do que qualquer outra coisa. Porém, entramos no campo da neurociência, e os estudos nessa área indicam que nosso intelecto controla menos de 5% de nossos comportamentos e decisões conscientes.

A crença popular supõe que as metas são ativadas e orientadas pela mente consciente, porém uma série de cinco experimentos conduzidos por Shiffrin e Schneider trouxe evidências científicas de que as metas são ativadas e orientadas pela mente consciente e pela mente inconsciente ao mesmo tempo. Ou seja, pela combinação do lado emocional e racional. Pessoas que possuem um *drive* mais racional estabelecem metas mais inflexíveis e imutáveis e por isso mais difíceis de realizar. Já pessoas que possuem o *drive* mais emocional, possuem metas mais adaptáveis ao processo de construção e evolução, tendo muito mais chances de que elas aconteçam.

Confirmando isso, os cientistas Hassin, Bargh e Zimerm defendem que a mente inconsciente e emocional é responsável por 95% das nossas decisões. No entanto, usamos o lado intelectual para explicar por que fizemos isso ou aquilo.

De acordo com neurocientistas cognitivos, estamos realmente conscientes de apenas 5% de nossas atividades cognitivas. Assim, a maior parte de nossas decisões, ações, emoções e comportamentos depende dos 95% de atividade cerebral que está além de nossa consciência.

Dessa forma, é impossível falar de efetividade na realização de suas metas financeiras sem trabalhar os dois hemisférios, porém, principalmente o hemisfério direito. Em outras palavras, para que sua vida aconteça e seus sonhos financeiros saiam do papel será necessário e imprescindível trabalhar a estrutura emocional e as crenças nela contidas.

É por isso que este livro, desde o início, se propõe a não apenas fornecer conceitos financeiros técnicos, como também uma profunda reprogramação de crenças financeiras e pessoais. Contudo, como as metas são ativadas e realizadas pelos dois hemisférios, vamos começar pelo racional.

METAS NEUROLOGICAMENTE CORRETAS

Como citei anteriormente, 4% da população mundial estabelece metas para o que quer realizar, e apenas a metade dessas pessoas estabelece metas estruturadas e projetos de vida. Não me admira que apenas 3% da população mundial seja dona de 50% de toda a riqueza do mundo. E você se pergunta: e os 96% restantes da população não têm metas? E a resposta é um sonoro "não". Quando muito, eles sonham com algo. No entanto, sonho é apenas um desejo sem o menor compromisso de acontecer, afinal é só um sonho. E muitos até acreditam que têm metas, porém são desejos tão subjetivos, imprecisos e inconstantes, que não podem ser chamados de meta.

Existe uma lógica no processamento das informações em um computador. Para que ele funcione, esse processamento precisa ser obedecido. Nossa mente funciona de maneira similar. Existe uma lógica de processamento das informações que chegam que também precisa ser respeitada para que os resultados sejam atingidos. Caso contrário, nunca chegaremos ao nosso maior e melhor potencial de realização. Quando tratamos de metas e objetivos é da mesma maneira. Para que as metas sejam realizadas precisamos obedecer a critérios de processamento. Vamos a cinco princípios que chamaremos de critérios neurológicos para estabelecer metas e objetivos focados nas suas metas financeiras e patrimoniais.

CRITÉRIO #1: A META PRECISA SER ESPECÍFICA

Quando se fala em realização de metas, o cérebro é movido principalmente por imagem. Muitas pessoas fazem verdadeiras dissertações escritas sobre o que querem conquistar, porém o cérebro tem dificuldade em processar as palavras e transformá-las em metas. Outra questão é que, quando descreve em palavras, a pessoa que estabelece a meta, sem notar, muda os detalhes tão frequentemente que quando se dá conta a meta já é outra e assim nunca se estabelece o foco necessário.

Então, para que a meta seja específica, detalhada, constante, vamos usar imagens para estabelecer nossas metas. Não que não possamos alterá-las ao longo do tempo e/ou usar palavras para descrevê-las melhor. A partir de agora, porém, nossas metas sempre serão representadas por fotografias representativas do que desejamos. Pode ser o carro específico, uma casa daquele jeito, um corpo escultural, morar em outro país, um relacionamento cheio de amor. Seja qual for sua meta, ela deverá ser representada com imagens fotográficas reais. Essa é a maneira mais segura de tornar sua meta específica. Feito isso, você terá cumprido o primeiro critério para tornar sua meta neurologicamente correta.

EXERCÍCIO

1. Quanto é seu rendimento mensal (pró-labore ou salário) hoje?
Resposta:_____.

2. Qual é hoje o seu patrimônio financeiro (dinheiro) e imobilizado (imóveis, ações, títulos etc.)?
Resposta:_____.

3. Depois de ler todos os critérios explicados neste capítulo, represente suas metas de forma visual de acordo com o exemplo a seguir. Toda noite observe atentamente cada uma das imagens de suas metas no mural. Lembre-se de contemplar cada um dos pilares do MAAS (página 89).

EXEMPLO
Mural de metas

SOCIAL E LAZER	ESPIRITUAL
SAÚDE	FINANCEIRO
INTELECTUAL	PROFISSIONAL
FILHOS	PARENTES
SERVIR	CONJUGAL
FINANCEIRO	EMOCIONAL

CRITÉRIO #2: A META PRECISA TER UM TEMPO CERTO PARA ACONTECER

Como dizia Maslow, a mente humana funciona por prioridades. Quando estabelecemos uma data para uma meta, inconscientemente nosso comportamento é alterado e começamos a agir na direção dela. Contudo, quando não estabelecemos uma data ou estabelecemos uma data da maneira errada, ficamos presos em uma zona de inação ou zona de conforto. Assim, cada meta precisa de uma data para acontecer e também deve ter sua evolução acompanhada ao longo do tempo.

EXERCÍCIO

Estabeleça suas metas financeiras de rendimento mensal e de patrimônio líquido[23] para exatamente daqui cinco, quatro, três, dois anos, um ano, seis meses e finalmente três meses. Siga essa ordem, conforme a tabela a seguir:

PERÍODO	DATA DE REALIZAÇÃO	RENDIMENTO MENSAL	PATRIMÔNIO LÍQUIDO
5 ANOS			
4 ANOS			
3 ANOS			
2 ANOS			
1 ANO			
6 MESES			
3 MESES			

CRITÉRIO #3: A META PRECISA SER DESAFIADORA, PORÉM POSSÍVEL

Como já vimos, as metas desafiadoras nos tiram da zona de conforto e nos estimulam, mas precisam ser possíveis. Se você não se sente capaz de realizar uma meta, dificilmente agirá na direção dela. Da mesma forma,

---

[23] A partir da planilha de Balanço Patrimonial, disponível para download em www.febra.me/fe-ferramentas, você poderá calcular seu patrimônio líquido.

se considerá-la muito fácil, não se sentirá motivado a conquistá-la. É na definição do que é possível ou impossível de realizar que as coisas se confundem. Afinal, quem ou o que determina o que é possível e o que é impossível? O que é impossível para uns é fácil e pouco estimulante para outros.

Talvez pela minha fé ou otimismo desenfreado, acredito que tudo é possível para aquele que crê em Deus. A pergunta que me faço é sempre: "Como?". Então, seja ousado para estabelecer suas metas e verifique se alguém algum dia realizou aquilo que você deseja. Afinal, se ele pôde, você também pode. Novamente, a pergunta é "Como?".

E vou além. Não é por que ninguém nunca fez algo que você não pode fazer. Lembre-se de que era tido como impossível fazer voar algo mais pesado do que o ar, até que os irmãos Wright, nos Estados Unidos, e Santos Dumont, na França, fizeram. Como tantas outras coisas que eram tidas como impossíveis, até que alguém foi lá e fez.

EXERCÍCIO
Volte para a tabela de acompanhamento de metas financeiras na página 253 e verifique se suas metas a cada ano preenchem os critérios de ser desafiadoras e possíveis de acontecer.

CRITÉRIO #4: A META PRECISA SER ECOLÓGICA
Quando me refiro a meta ecológica, estou falando de uma meta pacífica, ou seja, uma meta que faça você e os seus felizes. Não apenas felizes quando ela acontecer, mas também felizes durante o processo de realização. De que adianta ser um milionário e perder a família? Ou do que vale ser milionário e perder a saúde numa busca sem limites pela riqueza?

Trago a história de um alpinista que se preparou durante três anos para subir o monte Everest. Foram três anos longe da esposa e dos filhos. Três anos praticamente sem trabalhar em seu ofício. E para realizar sua meta ele gastou todas as suas reservas. Chegou o grande dia e ele e sua equipe começaram a jornada rumo ao topo do mundo. Todos chegaram lá sem muitas dificuldades, porém, na descida, uma tempestade de vento e neve veio sobre o grupo, separando-os.

Quando o alpinista conseguiu chegar ao acampamento-base, percebeu que seus amigos de infância, que faziam parte do seu grupo, não haviam chegado. Depois, grupos de busca acharam os corpos congelados, presos em uma fenda. Ele conseguiu descer, porém teve de amputar três dedos da mão e parte do pé, que haviam congelado.

Ao voltar para casa, sem partes do corpo, sem seus amigos, sem dinheiro e sem trabalho, descobriu que seu casamento não resistiu aos três anos de sua ausência. Com lágrimas e muita dor ele gritou: "Subi a montanha errada". O que ele quis dizer com essa frase é que seu objetivo não valeu a pena. Foi muito sacrifício e muitas perdas para poucas conquistas. Ele não respeitou valores muito importantes para ele, como sua família, sua saúde e a vida dele e de seus amigos. Não estou dizendo que ele não deveria ter subido o monte Everest, mas que deveria ter calculado melhor e planejado mais, de forma que não tivesse tantas perdas ao perseguir seu objetivo.

Tenho um amigo, Rosier Alexandre, que qualifico como um dos melhores alpinistas do Brasil. Por duas vezes ele tentou subir o Everest e, nas duas oportunidades, houve terremoto. Na terceira tentativa ele conseguiu subir e descer com sucesso. Ele estava tão bem preparado para realizar sua meta que nem os dois terremotos e vários outros desafios o impediram. Seu planejamento foi muito além do técnico de escalada e alpinismo. Ele se preparou financeira, emocional e profissionalmente. Ele pensou até no lado conjugal e nos filhos.

Quando chegou em casa, sua esposa e seus filhos estavam lá felizes e orgulhosos, seus negócios continuaram prósperos e o que de fato mudou foi mais uma meta realizada com sucesso. Mostro a seguir a foto que ele tirou com a bandeira da Febracis (minha empresa) no topo do mundo.

ROSIER ALEXANDRE, ALPINISTA CEARENSE, NO TOPO DO MONTE EVEREST EM 21 DE MAIO DE 2016.

EXERCÍCIO
Assim, verifique se os valores que você estabeleceu como meta de rendimento e patrimônio são, de fato, ecológicos.

CRITÉRIO #5: A META PRECISA TER UM PLANO DE AÇÃO
Levando em conta que toda meta é desafiadora, ela deve ser muito bem planejada. E nada melhor do que um plano de ação estruturado para prevenir os percalços e estabelecer um caminho mais seguro e rápido de onde você está e até onde você quer chegar.

O plano de ação é basicamente uma *checklist* de determinadas atividades e tarefas que precisam ser desenvolvidas com o máximo de clareza. É um mapeamento de tarefas no qual ficará estabelecido o que precisa ser feito, quando será feito, onde será feito, quem executará a tarefa, por que essa tarefa deve ser feita, como essa tarefa deve ser realizada e, por fim, quanto custará realizá-la. A seguir está um modelo de plano de ação.

PLANO DE AÇÃO (5W2H)[24]

O QUÊ?	QUEM?	ONDE?	POR QUÊ?	COMO?	QUANTO?	QUANDO?

"Quando combinamos os passos certos, pelos caminhos certos, nos momentos adequados, utilizando os recursos e as pessoas certas, conseguiremos chegar a qualquer lugar. Eu disse: a qualquer lugar!"

Paulo Vieira

EXERCÍCIO 1

Faça um plano de ação para cada meta relacionada a uma data. Comece pela meta de cinco anos até chegar à meta de três meses. Depois, una todos os planos de ação em um único. E realize cada uma das tarefas estabelecidas. Imagine que cada tarefa realizada é um ou mais passos na direção de sua meta. Este é seu mapa pessoal da mina do tesouro.

EXERCÍCIO 2

Olhando para o desenho da montanha do enriquecimento a seguir, marque onde você deseja estar nela. A partir da pontuação, defina quanto deve ser sua renda mensal a ser atingida, quanto você deverá poupar para investir e quanto deverá ser o retorno sobre seu investimento. Lembre-se da equação do fator de enriquecimento: $FE = R \times P \times I$ (explicada no Capítulo 1).

---

[24] Faça o download da ferramenta Plano de Ação no site www.febra.me/fe-ferramentas.

BILIONÁRIO
FE > 5000

Ultramilionário
1000 < FE < 5000

Megamilionário
500 < FE < 1000

Multimilionário
240 < FE < 500

Milionário
100 < FE < 240

Estou focado
60 < FE < 100

Na jornada
30 < FE < 60

Estou começando
15 < FE < 30

Zona de conforto
5 < FE < 15

Não serei rico
1 < FE < 5

Sobrevivente
0 < FE < 1

Morto ou perdido
0

RELAÇÃO GERAL DE DECISÕES

MENSAGEM FINAL

Sempre digo aos meus alunos que o melhor está por vir, e acredito nisso de todo o coração. Tenho certeza de que este ano será o melhor da sua vida, porque agora você entende que dinheiro não é uma cédula ou uma porção monetária, mas uma energia, o fluir de uma estrutura emocional de abundância, paz e prosperidade.

Hoje você sabe que não precisa perseguir o dinheiro. Isso, certamente, traria azar e muitos problemas. Com o comportamento, os pensamentos e os sentimentos de abundância e prosperidade, você atrairá a riqueza, as pessoas certas e as melhores oportunidades. Prosperar fará parte do seu dia a dia e enriquecer será algo natural.

Estou certo de que agora você está preparado para seguir uma jornada de enriquecimento pacífica, abundante e próspera. Sei que a felicidade será o seu estilo de vida, e você ajudará muitas outras pessoas a serem felizes, não apenas por meio de doações monetárias, mas também com o seu exemplo e com um amor transbordante. Um amor refletido no seu cotidiano, nas suas palavras, no seu agir, no seu viver.

O dinheiro jamais voltará a ser um percalço; será sinônimo de abundância. A escassez é um sentimento que não fará mais parte da sua vida.

Tenho certeza de que o mundo é melhor porque você existe, pois certamente você é uma pessoa abundante em todos os aspectos da vida.

Que Deus o abençoe com muita boa sorte, paz e prosperidade!

Muito obrigado e até logo!

Paulo Vieira

REFERÊNCIAS

ACHOR, Shawn. *O jeito Harvard de ser feliz*. São Paulo: Saraiva, 2012.
ARNTZ, William. *Quem somos nós*. Rio de Janeiro: Ediouro, 2007.
AUBELE, Teresa; FREEMAN, Doug; HAUSNER, Lee; REYNOLDS, Susan. *Mentes milionárias: desvende o segredo de quem ficou rico*. São Paulo: Universo dos Livros, 2013.
CHRISTAKIS, Nicholas A.; FOWLER, James H. *O poder das conexões*. Rio de Janeiro: Elsevier, 2009.
CIRELLO JUNIOR, Anatole. *Você vai ficar rico: vamos combinar o prazo?* São Paulo: Fundamento, 2016.
DANNER, Deborah D.; SNOWDON, David A.; FRIESEN, Wallace V.. *Positive Emotions in Early Life and Longevity*: Findings from the Nun Study. Disponível em: <http://www.apa.org/pubs/journals/releases/psp805804.pdf>. Acesso em: 20 ago. 2016.
EKER, T. Harv. *Os segredos da Mente Milionária*. Rio de Janeiro: Sextante, 2006.
EKMAN, Paulo. *A linguagem das emoções*. Rio de Janeiro: Casa da Palavra, 2011.
EMMONS, Robert A.; MCCULLOUGH, Michael E. *The Psychology of Gratitude*. Oxford: Oxford University Press, USA, 2004.
_____. *Agradeça e seja feliz*. Rio de Janeiro: BestSeller, 2009.
GEROMEL, Ricardo. *Bilionários*: O que eles têm em comum, além de nove zeros antes da vírgula. Rio de Janeiro: Casa da Palavra, 2015.
GRANT, Adam. *Dar e receber:* Uma abordagem revolucionária sobre sucesso, generosidade e influência. Rio de Janeiro: Sextante, 2014.
MCKENNA, Paul. *Eu vou te enriquecer*. Rio de Janeiro: Best Seller, 2010.
MISCHEL, Walter; SHODA, Yuichi; RODRIGUEZ, Monica. *Delay of gratification in children*. Science, v. 244, n. 4907, 26 maio 1989, p. 933-938. Disponível em: <http://science.sciencemag.org/content/244/4907/933>. Acesso em: 5 ago. 2016.

ORMAN, Suze. *Suze Orman's Financial Guidebook:* Put the 9 steps to work. 2. ed. Canadá: Crown Business, 2006.

POSADA, Joachim de; SINGER, Ellen. *O motorista e o milionário:* Uma história sobre as escolhas que nos levam ao sucesso ou ao fracasso. Rio de Janeiro: Sextante, 2010.

SCHÄFER, Bodo. *O caminho para a liberdade financeira.* Rio de Janeiro: Sextante, 2015.

STANLEY, Thomas J.; DANKO, William D. *O milionário mora ao lado:* Os surpreendentes segredos dos ricaços americanos. Barueri: Manole, 1999.

TAYLOR, Jill Bolte. *A cientista que curou o próprio cérebro.* Rio de Janeiro: Ediouro, 2008.

VIEIRA, Paulo. *O poder da ação:* faça sua vida ideal sair do papel. São Paulo: Gente, 2015.

_____. *O poder verdadeiro.* 2. ed. Fortaleza: Premius, 2015.

Este livro foi impresso pela gráfica
Assahi em papel pólen bold 70 g/m² em
junho de 2021.